Legalidade, Eficácia e Implicações Societárias do Protocolo Familiar

Legalidade, Eficácia e Implicações Societárias do Protocolo Familiar

2018

Paolla Ouriques

LEGALIDADE, EFICÁCIA E IMPLICAÇÕES SOCIETÁRIAS DO PROTOCOLO FAMILIAR
© Almedina, 2018
AUTOR: Paolla Ouriques
DIAGRAMAÇÃO: Almedina
DESIGN DE CAPA: FBA
ISBN: 9788584932870

Dados Internacionais de Catalogação na Publicação (CIP)
(Câmara Brasileira do Livro, SP, Brasil)

Ouriques, Paolla
Legalidade, eficácia e implicações societárias
do protocolo familiar / Paolla Ouriques. –
São Paulo : Almedina, 2018.

Bibliografia.
ISBN 978-85-8493-287-0

1. Direito empresarial - Brasil 2. Direito
societário - Brasil 3. Empresas familiares - Leis e
legislação - Brasil I. Título.

18-16444

CDU-347.7:658.114.2(81)

Índices para catálogo sistemático:

1. Sociedades familiares : Brasil : Direito societário 347.7:658.114.2(81)

Maria Paula C. Riyuzo - Bibliotecária - CRB-8/7639

Este livro segue as regras do novo Acordo Ortográfico da Língua Portuguesa (1990).

Todos os direitos reservados. Nenhuma parte deste livro, protegido por copyright, pode ser reproduzida, armazenada ou transmitida de alguma forma ou por algum meio, seja eletrônico ou mecânico, inclusive fotocópia, gravação ou qualquer sistema de armazenagem de informações, sem a permissão expressa e por escrito da editora.

Junho, 2018

EDITORA: Almedina Brasil
Rua José Maria Lisboa, 860, Conj.131 e 132, Jardim Paulista | 01423-001 São Paulo | Brasil
editora@almedina.com.br
www.almedina.com.br

Agradeço, primeiramente, à minha família, especialmente ao meu esposo, Matheus, por todo o suporte e apoio nos quase dois anos de viagens e estudos necessários para garantir o cumprimento de mais esse objetivo de vida.

Também agradeço ao escritório Azevedo Sette – Brasília e minha fiel escudeira, Iana, por toda a ajuda e compreensão nas sextas-feiras de minha ausência.

Por fim, agradeço à minha mãe, Salete, e meu padrastro, James, que carinhosamente cederam um pouco do seu tempo na revisão deste estudo.

PREFÁCIO

As sociedades familiares têm ganhado cada vez mais espaço nas pesquisas acadêmicas especialmente por sua relevância e expressão no mercado atual. Por se valerem de diversas modalidades empresariais, muitas vezes o fazem de forma desordenada, sem organização e sem a utilização das tão importantes ferramentas de Governança Corporativa.

O caminho da organização empresarial para as sociedades familiares deve ser trilhado com bastante cuidado, para conferir a segurança necessária não só à sociedade mas também à família empresária, que muitas vezes vive na informalidade das regras que norteiam o jogo empresarial familiar.

Diante do número expressivo de sociedades familiares em nosso país, alguns autores vêm dedicando tempo e pesquisa na consolidação de documentos que busquem conferir essa proteção societária, que ao final objetiva perenizar o negócio familiar. No entanto, por se tratarem de documentos atinentes à prática societária diária, pouco se encontra a respeito nas bibliotecas.

Já estava na hora de termos um trabalho tão magnifico onde nos apoiar!

A presente obra é fruto de muita dedicação da Autora e traz conteúdo de extrema valia para os profissionais desse campo ainda não tão explorado.

A Autora se dedicou a examinar a importância do protocolo familiar, sua natureza jurídica – mesmo diante da total ausência de legislação a respeito, trazendo conteúdo jurídico a um instrumento que, intuitivamente, foi sendo adaptado para regrar e proteger a família no âmbito societário.

LEGALIDADE, EFICÁCIA E IMPLICAÇÕES SOCIETÁRIAS DO PROTOCOLO FAMILIAR

A beleza do trabalho da Autora é a segurança e a confiança com que aborda este tema pouco examinado pela doutrina, trazendo uma abordagem bastante clara e técnica, e que tanto colabora para a compreensão da necessidade da utilização de ferramentas alternativas de Governança Corporativa Familiar para buscar a sustentabilidade do negócio familiar e sua perpetuação no tempo e nas gerações familiares.

A prevenção aos conflitos, o planejamento sucessório são apenas alguns dos tópicos abordados pela Autora, nos quais nos dá uma lição sobre a implementação das melhores práticas, como também sobre a prática societária em si neste campo das sociedades familiares, mediante a utilização do protocolo familiar como instrumento de organização dos interesses sociais e familiares, sem que haja a tão famosa confusão patrimonial.

O trabalho da Autora é completo, perpassando pela utilização do instrumento protocolar em cada tipo societário, destacando suas nuances e principais diferenciais para sua utilização eficaz, além de aprofundar a cada uma das matérias que podem ser objeto acordo de vontades da família, de forma a ter não só validade jurídica e exequibilidade, mas para que seja factível de implementação e sirva de material de apoio na gestão, de acordo com a realidade empresarial.

A leitura é leve, rica e coloca com convicção soluções importantes para a realidade vivida por estas sociedades ainda pouco estudadas. É material de leitura obrigatória àqueles operadores do Direito Societário, que lidam frequentemente com as sociedades que impulsionam este imenso Brasil, além de ser uma esplendorosa contribuição doutrinária a este inexplorado campo do Direito.

MARIANA DENUZZO SALOMÃO
Advogada, Especialista em Direito Societário e
Mestranda em Direito Comercial
pela PUC/SP

LISTA DE ABREVIATURAS

CC – Código Civil
CPC – Código de Processo Civil de 2015
CVM – Comissão de Valores Mobiliários
LSA – Lei das Sociedades por Ações
OPA – Oferta Pública de Ações
PIB – Produto Interno Bruto
SEBRAE – Serviço Brasileiro de Apoio às Micro e Pequenas Empresas

SUMÁRIO

INTRODUÇÃO	15

1. ASPECTOS ECONÔMICOS E JURÍDICOS DAS EMPRESAS
   FAMILIARES — 19
   1.1 Importância econômica das empresas familiares — 19
   1.2 Visão constitucional — 22
   1.3 Características da personalidade jurídica — 23
   1.4 Empresa familiar — 25
       1.4.1 Características das empresas familiares e suas
       implicações — 30
           1.4.1.1 Custos de transação e conflitos de agência — 33
           1.4.1.2 As fases da empresa familiar — 37
   1.5 Ausência de regulamentação específica no Brasil — 40

2. GOVERNANÇA E PLANEJAMENTO NAS EMPRESAS
   FAMILIARES — 43
   2.1 Família, propriedade e gestão — 44
       2.1.1 Modelo dos Três Círculos — 44
       2.1.2 Modelo de Desenvolvimento Tridimensional — 46
   2.2 Governança familiar, corporativa e jurídica — 49
       2.2.1 Conceitos — 49
       2.2.2 Importância — 51
       2.2.3 Efeitos — 53
   2.3 Governança como mediadora de conflitos — 54

LEGALIDADE, EFICÁCIA E IMPLICAÇÕES SOCIETÁRIAS DO PROTOCOLO FAMILIAR

2.3.1 Família *versus* propriedade e gestão	55
2.3.2 Medidas para amenizar conflitos	57
2.4 Governança e planejamento sucessório: reflexos sobre o protocolo familiar e impactos societários	58
2.4.1 Planejamento sucessório na empresa familiar	59
2.4.1.1 Conceito	60
2.4.1.2 Importância e efeitos	61
3. PROTOCOLO FAMILIAR	67
3.1 Definição	68
3.2 Natureza Jurídica	71
3.3 Objetivo	73
3.4 Elementos essenciais	76
3.4.1 Regulação de família e propriedade	76
3.4.2 Principais previsões	79
3.5 Limites legais e eficácia	84
3.5.1 Caráter preliminar do Pacto Familiar	86
3.5.2 Vinculação a terceiros	88
3.5.3 Limites das cláusulas de confidencialidade em Pactos Familiares e companhias abertas	89
3.6 Tipo societário e repercussão do protocolo familiar	92
3.6.1 Sociedade empresária	93
3.6.1.1 Sociedade Limitada	94
3.6.1.2 Sociedade Anônima	103
4. IMPLICAÇÕES SOCIETÁRIAS DO PROTOCOLO FAMILIAR	109
4.1 Relevância do Direito Societário	110
4.2 Ajustes nos atos constitutivos	112
4.2.1 Cláusulas essenciais em contrato/estatuto social	113
4.2.2 Objeto e capital social	116
4.2.3 Administração da sociedade	119
4.2.4 Regulamentação dos órgãos de fiscalização	123
4.2.5 Distribuição de dividendos	127
4.2.6 Exercício do direito de voto	128
4.2.7 Saída de sócios	131
4.2.8 Apuração de haveres	139

SUMÁRIO

4.2.9 Formas de resolução de disputas 143
4.3 Previsões no acordo de sócios 144
4.4 Conselho de Administração e seu papel fundamental 155
4.5 Assembleia/Reunião de sócios e forma de resolução
de conflitos 159
4.6 Formas de preenchimento de cargos de gestão e aspectos
correlatos 162
    4.6.1 Conselho de Administração 163
    4.6.2 Diretoria 164
4.7 Contratação com partes relacionadas 166
4.8 Transferência de participação social a terceiros 171
4.9 Política de distribuição de dividendos 175

CONCLUSÃO 183

REFERÊNCIAS 187

ANEXO A – DIFERENÇAS ENTRE SOCIEDADES LIMITADAS
E ANÔNIMAS 197

Introdução

No cenário econômico brasileiro, parte representativa das sociedades empresariais são familiares[1], de modo que a organização e o desenvolvimento de mecanismos de longevidade destas pessoas jurídicas devem ser preocupações de legisladores e juristas.

Contudo, não é o que se vê no ordenamento pátrio, que sequer tem legislação destinada a regrar relações deste tipo particular de sociedade, tampouco métodos de resguardá-las. Da mesma forma, a análise jurídica e doutrinária do tema também é escassa.

Nessa linha, o propósito deste estudo é avaliar o Protocolo ou Pacto Familiar, que, embora contrato atípico, surge como um documento indispensável à manutenção e coordenação das riquezas geradas por famílias, especialmente aquelas que se encontram no comando de sociedades, já que seu objetivo é definir obrigações e direitos, inclusive de cunho patrimonial, no caso, participações sociais dos familiares signatários.

Assim, através de revisão bibliográfica, análise de situações inerentes à vida empresarial destas sociedades, bem como comparação com legislação e práticas de países adeptos ao *civil law*, por meio de método analítico de pesquisa, serão abordados e identificados os principais pontos relativos ao Protocolo Familiar, desde a concepção da própria pessoa

---

[1] SEBRAE, Folha de Londrina. **No Brasil, 90% das empresas são familiares.** Santa Catarina, 03 out. 2005. Disponível em: <http:/ www.sebrae-sc.com.br/newart/default. asp?materia=10410>. Acesso em: 20 ago. 2016.

jurídica (sociedade) sobre a qual irá repercutir, até sua implementação prática sobre elas, atendidos os limites de legalidade e a almejada eficácia.

Logo, será avaliada a importância da sociedade empresária familiar no contexto econômico e jurídico brasileiro e, em virtude dessa relevância, suas formas de organização, traçando as principais características e teorias sobre a questão. Ainda nesse viés, serão abordadas questões correlatas à governança familiar, jurídica e corporativa que deve propiciar uma união de esforços apta a proporcionar a manutenção da atividade empresarial e o seu controle pela família empreendedora.

Isso tudo com vistas a entender os limites da legalidade e eficácia deste Pacto, pois não conta com previsão específica na legislação, de sorte que tem de se equilibrar entre regras de direito contratual, sucessório, familiar e especialmente societário, inclusive para ter a esperada aplicação prática a que se propõe.

Assim sendo, imperioso que ao elaborar tal Pacto o operador tenha domínio sobre os anseios da família e sua forma de composição, regras contratuais (especialmente princípios gerais que norteiam o tema), métodos e medidas necessárias a garantir a eficácia do Pacto no âmbito da sociedade familiar.

Logo, em decorrência do impacto do Protocolo Familiar sobre a sociedade, o objetivo do trabalho também é estabelecer os reflexos societários das disposições inseridas no Pacto, tanto no tangente à forma e estrutura de assembleias, requisitos para ocupar cargos na administração, existência e características de um conselho de administração, contratação com partes relacionadas, política de dividendos, ajustes provenientes destes fatos no estatuto/contrato social, bem como formatação de acordos parassociais, sendo tal retratado conforme o tipo societário que regulamenta a atividade empresarial.

Nessa perspectiva, serão avaliadas as principais previsões inseridas nesses documentos e a melhor forma de regulamentação e efetivação destas medidas no seio da sociedade, isto é, se a questão deve ser regulada no estatuto/contrato social, acordo de sócios ou outro documento e qual a base legal para tanto.

Portanto, em linha gerais, iremos tratar nos quatro Capítulos que seguem sobre: (i) importância da sociedade empresária familiar, suas facetas e formas de organização; (ii) governança e planejamento no seio das atividades empresárias, de onde surge a necessidade de se ter um Pacto

INTRODUÇÃO

Familiar; (iii) Protocolo Familiar, sua previsão, validade, implicações e principais previsões; e, finalmente (iv) os ajustes societários que são necessários por força da utilização do Pacto como forma de organização familiar e empresarial, o que irá redundar em sua concretude.

Por fim, importante ressaltar, ainda, que não existem respostas únicas e prontas, aplicáveis, indistintamente, às sociedades de um modo geral, sendo altamente recomendado e necessário observar a situação de forma casuística, isto é, o perfil da sociedade/empresa que se está analisando, bem como o tipo de Protocolo Familiar especificamente desenvolvido para àquela realidade, mesmo porque o Protocolo é mutável e deve corresponder ao momento pelo qual passa a atividade empresarial.

1. Aspectos econômicos e jurídicos das empresas familiares

As empresas familiares, conceitualmente atividades econômicas organizadas para a produção e/ou a circulação de bens ou de serviços controladas por uma família, são de importância ímpar ao crescimento e desenvolvimento do Brasil[2], razão pela qual, antes mesmo de adentrar ao contexto corporativo e societário que permeia as sociedades empresárias familiares brasileiras, importante traçar um panorama econômico e jurídico do tema.

1.1 Importância econômica das empresas familiares

No Brasil, segundo o Serviço Brasileiro de Apoio às Micro e Pequenas Empresas – Sebrae, 90% (noventa por cento) das sociedades existentes são familiares, sendo que variam de micro a grandes corporações, sejam elas estabelecidas sob a forma de sociedade limitada ou anônima, com títulos mobiliários negociados em mercado de capitais ou não[3].

Em ratificação ao acima delimitado, esclarece Roberta Nioac Prado:

> Segundo dados do Departamento de Registro do Comércio (DNRC), entre os anos de 1985 e 2005, foram constituídas no Brasil 8.915.890 empresas,

---

[2] Afirmação corroborada por pesquisa do Serviço Brasileiro de Apoio às Micro e Pequenas Empresas, abaixo destacada.

[3] Sebrae, Folha de Londrina. **No Brasil, 90% das empresas são familiares.** Santa Catarina, 03 out. 2005. Disponível em: <http:/ www.sebrae-sc.com.br/newart/default. asp?materia=10410>. Acesso em: 20 ago. 2016.

LEGALIDADE, EFICÁCIA E IMPLICAÇÕES SOCIETÁRIAS DO PROTOCOLO FAMILIAR

dentre as quais 4.569.288 na forma de firmas individuais, 4.300.257 na forma de sociedades limitadas e 20.080 sociedades anônimas, em torno das seguintes proporções: 12% do segmento *agrobusiness*, 34% da indústria e 54% dos serviços (DNRC). Estima-se que 90% dessas empresas sejam familiares e que, juntas, somem 2 milhões de empregos diretos no País, além de participarem de forma relevante no Produto Interno Bruto (PIB) brasileiro (SEBRAE).[4]

Quanto à importância da sociedade/empresa familiar como forma de fomento à economia, Marlon Tomazette destaca:

As sociedades representam, portanto, um instrumento essencial para o desenvolvimento das atividades econômicas. Neste particular, vale a pena destacar que as sociedades familiares são a forma predominante de empreendimento no mundo inteiro, com exceção da China. Isto se deve ao fato de que a união de esforços e/ou recursos, essencial para a constituição das sociedades, é normalmente feita por pessoas ligadas por vínculos familiares. É mais fácil ter a afinidade e o comprometimento necessário entre pessoas da mesma família, ao menos na constituição da sociedade e, por isso, tais sociedades são tão comuns no mundo inteiro.[5]

Acerca do início e desenvolvimento de negócios familiares esclarece Oldoni Pedro Floriani:

Dentre essas alterações e, em se tratando, especificamente, do setor econômico, a multiplicação dos micros e pequenos negócios se destaca como uma das características marcantes desta nova sociedade. E isso tem tudo a ver com a empresa familiar, já que, segundo farto material de pesquisas implementadas em países de primeiro mundo, mais de 80% das empresas de

---

[4] PRADO, Roberta Nioac. Empresas familiares – características e conceitos. PRADO, Roberta Nioac (Coord.). **Empresas familiares: governança corporativa, governança familiar, governança jurídica**. São Paulo: Saraiva, 2011, p. 23.

[5] TOMAZETTE, Marlon. O conselho de administração nas sociedades familiares. In: COELHO, Fábio Ulhoa; FÉRES, Marcelo Andrade. (Coord.). Empresa Familiar: Estudo jurídicos. São Paulo: Saraiva, 2014, p. 290.

pequeno porte são de origem e gestão familiar, o que empresta um caráter de criteriosidade todo especial a este segmento.[6]

Sendo assim, é certo que boa parte das sociedades brasileiras iniciam suas atividades como um negócio da família, que vai crescendo e se desenvolvendo, devendo moldar-se à realidade econômica vivenciada em cada época, o que exige, certamente, processos de modernização e profissionalização.

No tangente à importância dessas sociedades e da capilaridade que possuem José Elias Flores Jr. e Carmem Ligia Iochins Grisci registram:

> A grande importância das empresas familiares em níveis nacional e internacional pode ser comprovada pela penetração desse tipo de organização na sociedade e na economia. Dados indicam que entre 65% e 80% das empresas no mundo e pelo menos 80% das empresas brasileiras legalmente constituídas podem ser classificadas como familiares, ou seja, têm membros de uma mesma família em seu controle acionário e, na maioria das vezes, também no comando da gestão. Inclusive, quando se considera o total das empresas privadas brasileiras, as organizações familiares são responsáveis por mais de 61% da receita delas e por pelo menos dois terços dos empregos oferecidos (LANSBERG, 1999; GERSICK et al., 2006; OLIVEIRA, 2006).[7]

Nota-se, portanto, a grande presença desse tipo de sociedade empresária no cenário econômico, tanto mundial como brasileiro, eis que geram emprego, renda e recolhimento de tributos indispensáveis à atividade de um país, auxiliando no incremento do Produto Interno Bruto – PIB.

Logo, quando se analisa a relevância das empresas familiares do ponto de vista econômico, observa-se a necessidade de um melhor tratamento do tema dentro do ordenamento jurídico brasileiro, ainda muito carente. Vale dizer, Economia e Direito devem se entrelaçar, competindo ao pri-

---

[6] FLORIANI, Oldoni Pedro. **Empresa familiar ou inferno familiar?** Curitiba: Juruá, 2003, p. 103/104.

[7] FLORES, José Elias Jr. e GRISCI, Carmem Ligia Iochins. Dilemas de pais e filhos no processo sucessório de empresas familiares. **Revista Adm.**, São Paulo, v.47, n.2, p.325-337, abr./maio/jun. 2012.

meiro analisar o cenário do mercado e o segundo regulamentar as relações observadas, tudo em prol de maior segurança jurídica.

Nessa linha de intelecção, cumpre agora esmiuçar as bases jurídicas e as características primordiais das empresas familiares.

1.2 Visão constitucional

A premissa que deve nortear a análise que se fará é o fato de que o Direito deve ser visto como reflexo do meio em que se encontra inserido, sob pena de ser relegado a mera previsão sem nenhuma aplicabilidade.

Nessa esteira, Suzy Elizabeth Cavalcante Koury dispõe sobre o papel do Direito e o seu descolamento da visão positivista de Kelsen:

> Percebe-se, assim, que o direito é condicionado pelas realidades do meio em que se manifesta, não sendo possível aceitar-se a concepção positivista de KELSEN que reduz a ciência do direito a uma atividade descritiva de ordem jurídica positiva, entendida por ele como a ordem jurídica que é eficaz como expressão coativa.[8]

Nesse contexto, concordamos com a afirmação acima e acreditamos, no mesmo sentido que Konrad Hesse apontou em sua célebre obra, "A Força Normativa da Constituição", que a Lei Maior deve ter aplicação efetiva e real, sob pena de não passar de uma folha de papel, com regras postas, mas não seguidas.

Sob a ótica eminentemente da pessoa jurídica, onde se encontra inserida a figura da sociedade empresária (familiar), a Constituição Federal brasileira traz previsões com nítidas aplicações práticas, especialmente quando aborda questões atinentes à liberdade de associação e livre iniciativa, que atingem direta e frontalmente o instituto em análise.

Consagrando direito constitucional de primeira geração, define o art. 5º, inciso XX, da Constituição Federal, que ninguém será obrigado a associar-se, tampouco manter-se associado. Nota-se, portanto, que a liberdade de associação (ínsita ao caráter do homem como ser social) encontra-se devidamente regulada na Carta Magna, de modo a possibi-

---

[8] KOURY, Suzy Elizabeth Cavalcante. **A Desconsideração da Personalidade Jurídica (disregard doctrine) e os Grupos de Empresas**. 2a. Edição; Rio de Janeiro: Forense: 1998, p. 24.

litar a criação das pessoas jurídicas, formadas pela união de esforços de pessoas naturais.

Noutro viés, dessa feita sob a perspectiva da livre iniciativa, a Lei Maior autoriza e mesmo impulsiona que particulares fomentem atividades empresariais, as quais, em geral, são desenvolvidas por pessoas jurídicas, sociedades, devidamente afetadas a um determinado fim, conforme disponha seu objeto social. Sobre o tema Sergio Botrel destaca que:

> O reconhecimento do direito de empresariar consiste em uma das concretizações do direito fundamental à liberdade. Em sede constitucional, essa modalidade de liberdade é referida como livre iniciativa, a qual se resume ao reconhecimento de que os particulares poderão explorar qualquer atividade sem a necessidade de prévia autorização estatal (salvo os casos dispostos em lei), escolhendo o ramo da atividade, o lugar e a modalidade de exploração da empresa.[9]

Sob essa percepção, nota-se que o desenvolvimento da atividade empresarial encontra escólio na própria Constituição Federal, sendo que o direito de associação é garantia constitucional, que confere à pessoa jurídica, figura em que se enquadra a sociedade empresária, algumas prerrogativas e garantias, conforme se poderá ver adiante.

1.3 Características da personalidade jurídica

A personalidade jurídica é importante, pois evidencia que a nova figura (pessoa) criada pode assumir obrigações por si, exigir direitos de terceiros, pagar tributos, contratar mão de obra, prestar serviços, enfim, organizar fatores de produção como forma de movimentar a economia e gerar um efeito positivo para todos aqueles que direta ou indiretamente se relacionam ou dependem dessa nova entidade.

Tais características influenciam significativamente o desenvolvimento da atividade empresarial, especialmente da empresa familiar, que consegue segregar de forma mais segura os assuntos atinentes à família e aqueles pertinentes aos negócios, competindo ao direito societário organizar estes aspectos.

---

[9] Botrel, Sérgio. **Direito societário constitucional**. São Paulo: Atlas, 2009, p. 45.

Destaca-se que a personalidade jurídica traz consigo, portanto, vantagens que devem ser consideradas, como[10]: (i) limitação de responsabilidade de seus componentes, a depender da estrutura societária que adota; (ii) estabilidade e continuidade de uma relação organizacional no tempo e no espaço; (iii) consecução de esforços, recursos e expertise para realização de um fim comum; e (iv) dependendo do enquadramento da atividade desenvolvida, legislação tributária mais favorável.

A vantagem atinente à limitação de responsabilidade decorre diretamente da distinção patrimonial que se faz entre a pessoa jurídica e as pessoas naturais que integram seu quadro social, sendo um importante fator em termos de segurança, tanto para sócios/investidores, no caso familiares, como aos próprios credores.

Com relação aos sócios e familiares, estes sentem-se mais motivados a investir quando sabem que o efeito futuro de um eventual mau negócio, por exemplo, deverá ser arcado, isoladamente, salvo exceções legais, pela pessoa jurídica que o realizou, competindo a ela honrar com sua obrigação, resguardando o patrimônio pessoal e da família.

Nessa intelecção, expõem Frank Easterbrook e Daniel Fischel:

> A responsabilidade limitada é uma característica distintiva do direito empresarial – talvez a principal distinção. Embora os sócios sejam pessoalmente responsáveis pelas dívidas do negócio, não são responsáveis pelas dívidas da Sociedade. Enfatizamos a natureza contratual da legislação societária, mas a responsabilidade limitada parece ser a antítese do contrato, um privilégio concedido aos investidores. Em troca desse privilégio, muitos argumentam que as sociedades devem ter de se submeter à regulamentação, ou fazer favores para clientes, trabalhadores e ou vizinhos (Tradução da Autora)[11-12].

---

[10] CAMARGO, André Antunes Soares. A pessoa jurídica: Um fenômeno social antigo, recorrente, multidisciplinar e global. In: FRANÇA, Erasmo Valladão Azevedo e Novaes (Coord.). **Direito societário contemporâneo I**. São Paulo: Quartier Latin, 2009, p. 284.

[11] EASTERBROOK, Frank H. e FISCHEL, Daniel R. **The Economic Structure of Corporate Law**. Harvard University Press: 1991, EUA.

[12] Limited liability is a distinguishing feature of corporate law – perhaps *the* distinguishing feature. Although partners era personalyy liable for the debts of the partnership, shareholders are not liable for the debts of the Corporation. We have emphasized the contractual nature of corporate law, yet limited liability seems to be the antihesis of contract, a privi-

O raciocínio supra também é feito pelos credores, pois, *a priori*, não precisam se preocupar que devedores (familiares) associados (termo usado em sentido lato) terão acesso aos bens da sociedade, de modo que tal patrimônio resguarda eventual inadimplemento contratual da sociedade.

Além disso, a existência de um patrimônio autônomo cria valor para a pessoa jurídica, sendo bastante esclarecedor o que expõem Ejan Mackaay e Séphane Rousseau:

> O patrimônio autônomo da sociedade por ações facilita a reunião de recursos necessários para a produção ao criar um mecanismo de fechamento (separação) do ativo da pessoa jurídica: o ativo da sociedade fica protegido dos credores dos acionistas e administradores. Isso permite que o ativo da sociedade sirva como garantia comum a credores sociais que lhe concedem crédito.[13]

Nesse cenário, o desenvolvimento de atividades direcionadas ao lucro, mas que envolvem investimento e risco torna-se mais vantajoso quando explorado sob a forma de uma pessoa jurídica, especificamente, a sociedade.

Diante dessas particularidades da pessoa jurídica, cumpre adentrar nos aspectos atinentes àquela que é figura essencial do estudo que se seguirá, qual seja, empresa familiar (atividade econômica desenvolvida por sociedades comandadas por núcleos familiares, de qualquer espécie e tipo).

1.4 Empresa familiar

Inicialmente, convém destacar a distinção conceitual entre empresa e sociedade, conquanto esta terminologia será utilizada ao longo da apreciação que se faz a seguir, sendo que a lei de regência se utiliza dessa distinção, conforme os conceitos que ora se esclarecem.

Na acepção de Alberto Asquini, a empresa deve ser compreendida como fenômeno econômico poliédrico, isto é, com diferentes facetas e

---

legie bestowed on investors. In Exchange for this boon, many argue, corporations should be required to submit to regulation, or do favors for customers and workers and a neighbors.

[13] MACKAAY, Ejan; ROUSSEAU, Séphane. **Análise Econômica do Direito.** 2a ed. São Paulo: Atlas, 2015, p. 545.

percepções, estando dentre elas os seguintes perfis: subjetivo, funcional, patrimonial, objetivo e corporativo. Ao dissertar sobre a questão, o referido jurista esclarece:

> As observações precedentes pressupõem que se use o conceito de instituição no sentido técnico acima citado. Quando, ao invés, usa-se o sentido genérico, e se designa como instituição o fenômeno econômico da empresa em seu todo – como o conceito de empresa usado por Soprano – então, no conceito de empresa entra tudo: o empresário como sujeito, a atividade empresarial, o patrimônio aziendal e estabelecimento, a empresa como instituição em sentido técnico. Como colocado, a análise dos diversos perfis jurídicos da empresa, acima considerados, não pretende romper a unidade do conceito de empresa como fenômeno econômico e portanto como matéria de direito: que a empresa existe e vive como fenômeno econômico unitário, sem rupturas. Nem tais analises pretendem negar que, para certos efeitos, a disciplina jurídica da empresa abranja o fenômeno econômico de empresa sob todos os aspectos; assim por exemplo o que se prefere às distinções entre empresa e pequena empresa, entre empresa pública e empresa privada; entre empresa agrícola e empresa comercial. Mas a técnica do direito não pode dominar o fenômeno econômico da empresa para dar uma completa disciplina jurídica, sem considerar distintamente os diversos elementos que nela existem.[14]

Nota-se, portanto, que a percepção econômica da empresa já engloba tanto a figura do empresário, do estabelecimento empresarial com patrimônio devidamente afetado e da atividade econômica organizada em si. Contudo, compete ao direito conceituar e distinguir cada uma dessas situações.

E foi o que o Código Civil – CC, fez, isto é, separou estes elementos, razão pela qual se extrai do art. 966, responsável por disciplinar o conceito de empresário, que a empresa, conceitualmente, trata-se da atividade econômica organizada para produção e circulação de bens e serviços, exceto se explorar atividade intelectual, de natureza científica,

---

[14] Asquini, Alberto. Profili dell'impresa. **Rivista del Diritto Commerciale**, 1943, v. 1. In: **Revista de Direito Mercantil, Industrial, Econômico e Financeiro**. Ano XXXV, n. 104, p. 109-126, out.-dez.1996, p. 125.

literária ou artística. Portanto, a conceituação enquadra-se no perfil funcional defendido por Asquini.

Já a sociedade é a própria pessoa jurídica em si, com direitos e obrigações decorrentes dessa forma de organização que é a empresa. Portanto, a sociedade é o centro de imputação de responsabilidades, assumindo para e contra si diversas obrigações.

Feita essa diferenciação, cumpre evidenciar o conceito de empresa familiar, isto é, atividade econômica organizada por um núcleo controlado por uma família. Conforme expõem Eduardo Goulart Pimenta e Maíra Abreu:

> Nesse contexto, nota-se que a usualmente referida "empresa familiar" é, nos termos do Código Civil, na verdade, a sociedade empresária (e não empresa) que, por ser composta e controlada por sócios ligados por laços familiares, destaca-se e especifica-se.[15]

Para fins terminológicos e deste trabalho, considera-se empresa familiar aquela em que as famílias, ou um conjunto delas, estão no comando da atividade, exercendo efetivamente poder de controle de forma perene, na conceituação utilizada pelo art. 116[16] da Lei das Sociedades por Ações – LSA.

Por controle entende-se a possibilidade de preponderar nas assembleias gerais, poder eleger a maioria dos administradores, bem como influir nos rumos da atividade social, conforme destaca Nelson Eizirik:

---

[15] PIMENTA, Eduardo Goulart; ABREU, Maíra Leitoguinhos de Lima. Conceituação jurídica da empresa familiar. In: COELHO, Fábio Ulhoa; FÉRES, Marcelo Andrade. (Coord.). **Empresa Familiar: Estudo jurídicos.** São Paulo: Saraiva, 2014, p. 53.

[16] Art. 116. Entende-se por acionista controlador a pessoa, natural ou jurídica, ou o grupo de pessoas vinculadas por acordo de voto, ou sob controle comum, que:

a) é titular de direitos de sócio que lhe assegurem, de modo permanente, a maioria dos votos nas deliberações da assembleia-geral e o poder de eleger a maioria dos administradores da companhia; e

b) usa efetivamente seu poder para dirigir as atividades sociais e orientar o funcionamento dos órgãos da companhia.

Parágrafo único. O acionista controlador deve usar o poder com o fim de fazer a companhia realizar o seu objeto e cumprir sua função social, e tem deveres e responsabilidades para com os demais acionistas da empresa, os que nela trabalham e para com a comunidade em que atua, cujos direitos e interesses deve lealmente respeitar e atender.

O controle da sociedade anônima constitui um poder de fato, não um poder jurídico, visto que não há norma que o assegure. O acionista controlador não é sujeito ativo do poder de controle, mas o tem enquanto for titular de direito de votos em número suficiente para obter a maioria nas deliberações assembleares.

A caracterização do poder de controle não prescinde da circunstância fática de que ele seja efetivamente exercido. Além de titular dos direitos de sócio que lhe permitam dirigir ou eleger quem dirigirá a companhia, o acionista controlador deve efetivamente dirigi-la e eleger a maioria dos administradores.

Dessa forma, não será considerado acionista controlador, para os efeitos da Lei das S.A., a pessoa que, embora detendo quantidade de ações que, em tese, lhe assegura a maioria dos votos em assembleia geral não utiliza efetivamente tal poder para impor sua vontade na condução direta dos negócios sociais e na eleição da maioria dos administradores.[17]

Nota-se, portanto, que no Brasil o controle é uma verificação fática e não jurídica, sendo que não se encontra atrelado às participações sociais dos sócios, de modo que deve efetivamente ser verificado em cada caso concreto, pois não se trata de mera detenção de porcentagem do capital social que garanta a maioria, mas do uso efetivo dessa participação.

A corroborar esse entendimento esclarecem Eduardo Pimenta e Maíra Abreu:

Assim, é familiar a sociedade que possui pessoas da mesma família determinando as deliberações sociais, as diretrizes a serem seguidas pela sociedade, bem como a composição e atividade da administração. Ou seja, o grupo controlador deve ser familiar. Também é possível a existência de mais de um tronco familiar como participantes desse grupo de controle.[18]

Entretanto, é válido registrar que a conceituação de sociedade/empresa familiar não é estanque, apresentando divergências doutrinárias

---

[17] EIZIRIK, Nelson. **A Lei das S/A Comentada**. Vol. 2. São Paulo: Quartier Latin, 2015, p. 226/227.

[18] PIMENTA, Eduardo Goulart; ABREU, Maíra Leitoguinhos de Lima. Conceituação jurídica da empresa familiar. In: COELHO, Fábio Ulhoa; FÉRES, Marcelo Andrade. (Coord.). **Empresa Familiar: Estudo jurídicos.** São Paulo: Saraiva, 2014, p. 58.

e terminológicas, a depender do momento e estrutura da organização adotada, sendo que Roberta Nioac Prado destaca:

> Dentre os conceitos existentes, ressaltamos alguns dos mais recorrentes: (i) a empresa familiar é aquela que se identifica com uma família há pelo menos duas gerações, pois é a segunda geração que, ao assumir, a propriedade e a gestão, transforma a empresa em familiar; (ii) é familiar quando a sucessão da gestão está ligada ao fator hereditário; (iii) é familiar quando os valores institucionais e a cultura organizacional da empresa se identificam com os da família; (iv) é familiar quando a propriedade e o controle acionário estão preponderantemente nas mãos de uma ou mais famílias.[19]

Em caráter complementar delimitam Cláudia Viegas e Gabrielle Bonfim:

> Apesar de inexistir um conceito uno em relação às empresas familiares, estas podem ser entendidas como aquelas organizações em que sua história está vinculada na família por pelo menos duas gerações, pois é a segunda geração que, ao assumir a propriedade e a gestão, transforma a empresa em familiar. É familiar, ainda, quando a sucessão da gestão se liga ao fator hereditário, estando a gerência e o poder de mando, bem como as estratégias de negócio atreladas aos princípios familiares.[20]

Com efeito, observa-se que, a despeito da ausência de unicidade de entendimento acerca do conceito de empresa/sociedade familiar, é certo que um aspecto essencial está presente em todas as caracterizações: o *status socii*, isto é, relação de sócio entre pessoas da mesma família ou que dela se originaram.

Nesse diapasão, *status socii*, de acordo com a própria acepção do termo, refere-se à situação de se estar associado a alguém, isto é, ligado para a obtenção de um fim comum. O termo *status* advém dos primór-

---

[19] PRADO, Roberta Nioac. Empresas familiares – características e conceitos. In: PRADO, Roberta Nioac (Coord.). **Empresas familiares: governança corporativa, governança familiar, governança jurídica.** São Paulo: Saraiva, 2011, p. 20.

[20] VIEGAS, Cláudia Mara de Almeida Rabelo; e BONFIM, Gabrielle Cristina Menezes Ferreira. Governança corporativa nas empresas familiares: profissionalização da administração e viabilidade na implantação de planos jurídico-sucessórios eficientes. **Revista de Direito Empresarial**, vol. 14/2016, p. 73 – 91, mar. – abr. 2016.

dios da concepção do que seria uma sociedade empresária, em que esta reproduzia a estrutura do poder estatal, com a figura dos administradores (governantes) representando interesse dos acionistas (povo).

Dessa forma, assevera Daniela Marino:

> Um dos contextos que a noção de *status* se mostra importante e profícua é, justamente, o do direito societário, a noção de *status socii* foi desenvolvida notadamente por Ascarelli, que enxergou, na posição de sócio em relação à sociedade, características semelhantes à posição do cidadão em relação ao Estado, razão pela qual veio a resgatar do direito romano o termo *status*.
>
> No âmbito do direito societário, o *status socii* é definido pelos autores como pressuposto, cuja verificação acarreta uma série de direitos e obrigações, que foram objeto de sistematização na análise de Menezes Cordeiro.[21]

Portanto, o vínculo societário certamente estará permeado por uma série de direitos e obrigações, que, conforme a natureza da sociedade, formam diferentes combinações de características e possibilidades, sendo um elemento essencial: a família empresária como núcleo de onde emana o poder de controle. Assim, vejamos as características essenciais desse centro de imputação de direitos e obrigações.

1.4.1 Características das empresas familiares e suas implicações

Como característica elementar desse tipo de atividade empresarial tem-se a cultura da família entranhada na forma de condução dos negócios, o que significa dizer que missão e valores empresariais são profundamente atingidos por aspectos fundamentalmente familiares, que tendem a ter grande importância no processo de tomada de decisões.

Em vista disso, a figura do(a) líder familiar, responsável pela criação da empresa e posterior condução da atividade, é demasiadamente importante, pois é ele(a), via de regra, quem inicialmente delimita o *modus operandi* da atividade empresarial, que poderá, ou não, ser replicado nas gerações futuras.

Justamente em decorrência de necessidade de saber como a empresa andará sem o seu fundador ou o líder por ele eleito, que a preocu-

---

[21] MARINO, Daniela Ramos Marques. O status socii. In: FRANÇA, Erasmo Valladão Azevedo (Coord.). **Direito Societário Contemporâneo I.** São Paulo: Quartier Latin, 2009, p. 182.

pação com temas sucessórios e de mudanças de geração deve estar presente em tais empresas. Nesse aspecto, propriedade e família formam um todo indissociável que precisam ser regulado, sendo este o papel do Protocolo Familiar.

Vale dizer, o líder criador (empreendedor originário) deve ter a oportunidade de previamente definir e estabelecer as características que entende essenciais à (boa) condução do negócio.

Sobre o tema é bastante esclarecedor Gersick *et al.*:

> A estrutura e a distribuição da propriedade – quem possui quanto, e qual tipo de ação – podem ter efeitos profundos sobre outras decisões empresariais e familiares (por exemplo, quem será o CEO ou um líder familiar) e sobre muitos aspectos operacionais e estratégicos.[22]

Justamente por isso que a separação entre os critérios familiares e empresariais deve ser bem definida, o que se torna possível por meio do Protocolo Familiar, documento em que as diretrizes da família e sua respectiva influência sobre a sociedade/empresa são fixados.

Lado outro, é certo que as empresas familiares possuem uma gama maior de potenciais conflitos, conquanto reúnem no comando pessoas próximas, o que reforça a necessidade de existirem documentos que deem coesão e coerência na forma de organização de tal modalidade empresarial.

Sobre os níveis de pressão a que estão sujeitas as empresas familiares veja-se o comentário de Patrícia Freire *et al.*:

> Entende-se que as empresas familiares estão sujeitas a níveis de pressão que os gestores profissionais não encontram nos momentos de tomada de decisões, pois as relações familiares, além de comportarem altas cargas emocionais, são essencialmente carregadas de conflitos não manifestos, que ao menor sinal de estresse organizacional, explodem além do potencial explosivo do problema real. Alguns casos são relatados pela não muito extensa literatura científica brasileira sobre empresas familiares. Lopes e Carriere (2010) apresentam um caso de conflitos em empresa familiar onde os conflitos acontecidos entre pai e filha dentro da empresa prejudicaram as

---

[22] GERSICK, Kelin *et al.* **De geração para geração: ciclos da vida das empresas familiares.** São Paulo: Negócios, 1997, p. 29.

relações familiares. A saída de uma das filhas da empresa alterou o convívio familiar, afastando todos os filhos da casa do pai. Ou seja, uma pequena dificuldade gerencial pode ser explorada emocionalmente pelos familiares, tornando um problema gerencial real em um grave problema organizacional por motivos difusos e subjetivos, promovido por interpretações individuais comprometidas com o passado da própria família.[23]

Portanto, as empresas familiares estão mais expostas a fatores externos, que podem influir na rotina empresarial, prejudicando-a em vista do espectro de possíveis conflitos de agência, conforme esclarece Oldoni Floriani:

> A empresa familiar brasileira possui os rasgos comuns a toda empresa que, no mundo, atua sob essa qualificação. São características genéricas, como já frisado, que conferem à empresa familiar forma e história bem delimitadas, identificando-a como de difícil gestão, de curso de vida encurtado e terreno fértil para potenciais e latentes conflitos entre seus membros gestores e os que compõem a família estendida.[24]

É tão periclitante a situação das empresas familiares e seus potenciais conflitos e pontos de tensão que, ainda segundo o SEBRAE[25], somente 30% (trinta por cento) das empresas chegam na segunda geração e apenas 5% (cinco por cento) na terceira geração. Ou seja, caso não existam orientações e diretrizes bem alinhadas, a possibilidade de um negócio bem-sucedido sucumbir após o falecimento do fundador é notória. Logo, planejamento é fundamental, o que pode e deve ser feito por meio do Protocolo Familiar e pelos documentos e efeitos societários dele decorrentes.

Nessa linha, as empresas familiares estão sujeitas a um maior número de conflitos em vista da interpenetração entre família, propriedade

---

[23] FREIRE, Patrícia de Sá *et al.* Processo de sucessão em empresa familiar: gestão do conhecimento contornando resistências às mudanças organizacionais. **Revista de Gestão da Tecnologia e Sistemas de Informação**, vol.7, n. 3, p. 713-736, 2010.

[24] FLORIANI, Oldoni Pedro. **Empresa familiar ou inferno familiar?** Curitiba: Juruá, 2003, p. 112.

[25] SEBRAE, Folha de Londrina. **No Brasil, 90% das empresas são familiares.** Santa Catarina, 03 out. 2005. Disponível em: <http:/ www.sebrae-sc.com.br/newart/default. asp?materia=10410>. Acesso em: 20 ago. 2016.

ASPECTOS ECONÔMICOS E JURÍDICOS DAS EMPRESAS FAMILIARES

e gestão, conforme conceituação que se fará mais adiante, sendo que a organização da estrutura familiar e empresarial tende a minimizar os impactos dessas rusgas. Acerca das benesses desse tipo de organização delimita Sérgio Botrel:

> A rigor, a instituição de uma estrutura organizada nas empresas familiares tem o condão de contribuir não apenas para a sua longevidade e eficácia, como também para o fortalecimento dos laços familiares, haja vista ser possível a criação de um ambiente de aprendizado conjunto e compartilhado.[26]

Vistos os benefícios de uma atividade que adote mecanismos de profissionalização, passam-se a explorar os custos de transação e potenciais conflitos de agência existentes dentro da empresa familiar, que também tendem a ser minimizados pela adoção de mecanismos de organização da atividade empresarial.

1.4.1.1 Custos de transação e conflitos de agência

Como evidenciado anteriormente, a criação da sociedade é um fenômeno social que estabelece uma inequívoca interface entre Economia e Direito, sendo uma consequência histórica do desenvolvimento industrial e comercial da humanidade. Corrobora esta compreensão Ana Lucia Arduin[27]: "O extraordinário desenvolvimento da economia capitalista, de produção em série, acarretou transformações nas relações econômico-sociais que não podiam ser ignoradas pelo direito".

Em caráter complementar, abordando a temática sob a ótica econômica e consequente necessidade de criação de riquezas, expõe Rachel Sztajn:

> Ao longo do tempo as comunidades desenvolvem instituições sociais visando a facilitar operações econômicas e aumentar a criação de riqueza, a prosperidade, para o que é preciso reduzir o risco e a incerteza, aumentando a cooperação entre os membros do grupo. Uma dessas instituições é o mercado, outra as empresas ou hierarquias privadas, em oposição ao

---

[26] BOTREL, Sergio. **Mecanismos de profissionalização e preservação da empresa familiar.** In: COELHO, Fábio Ulhoa; FÉRES, Marcelo Andrade. (Coord.). **Empresa Familiar: Estudo jurídicos.** São Paulo: Saraiva, 2014, p. 391.

[27] ARDUIN, Ana Lucia A. S. C. **A teoria jurídica da empresa no Direito brasileiro.** São Paulo: Quartier Latin, 2013, p. 40.

Estado, que é considerado uma hierarquia pública que tanto coordena o ambienta público quanto, mediante a edição de leis, desenha o particular.[28]

Portanto, sob o ponto de vista eminentemente econômico, conforme destaca Ronald Coase ao discorrer sobre a Teoria da Firma, em sua célebre análise, intitulada "The Nature of the Firm" (1937)[29], o objetivo da criação e utilização da sociedade é reduzir custos de transação. Contudo, quais seriam, efetivamente, esses custos? E por que a sua redução impacta positivamente, especialmente em sociedades familiares?

Custo de transação é um conceito aberto e amplo, que não foi previsto de forma específica na Economia, razão pela qual, genericamente, deve ser entendido como todo o custo relativo a uma determinada relação negocial, variando desde a obtenção de informações essenciais do negócio até a efetiva fiscalização do ajuste fechado[30]. Rachel Sztajn descreve o seguinte sobre custos de transação:

> Custo de transação é expressão que, também vem da ciência econômica e cuja relevância, na tomada de decisões pelos agentes econômicos, demonstra-se crescente. Transação, no jargão dos economistas, é qualquer operação econômica, operação de circulação de riqueza entre agentes econômicos. Custos de transação são aqueles custos em que se incorre que, de alguma forma, oneram a operação, mesmo quando não representados por dispêndios financeiros da empresa feitos pelos agentes, mas que decorrem do conjunto de medidas tomadas para realizar uma transação.[31]

Ainda sob essa perspectiva, é certo que a pessoa jurídica deve ser entendida como um feixe de contratos, o que significa dizer que é um centro de imputação de obrigações e responsabilidades, desde a relação

---

[28] SZTAJN, Rachel. **Teoria Jurídica da Empresa**. São Paulo: Atlas, 2004, p. 68.

[29] Em tal trabalho, Ronald Coase fala sobre a teoria da firma e de como ela se torna um feixe de contratos e relações jurídicas.

[30] CAMINHA, Uinie e CARDOSO, Juliana. Contrato Incompleto: Uma Perspectiva entre Direito e Economia para contratos de longo termo. **Revista Direito GV**. p. 155-200, Jan. – Jun. 2014.

[31] SZTAJN, Rachel. Externalidades e custos de transação: a redistribuição de direitos no novo Código Civil. **Revista de Direito Mercantil, Industrial, Econômico e Financeiro**, n. 133, p. 7-31, jan. 2004.

societária até a contratação com clientes e fornecedores, conforme destaca Calixto Salomão Filho:

> Assim conceituado como instrumental analítico e não perceptivo, é possível verificar qual a concepção de empresa e do interesse social. Segundos os teóricos clássicos da análise econômica do direito a empresa é vista como um feixe de contratos (*nexus of contractus*). Em um linguagem mais jurídica, a firma é vista como um único agente subscritor de um grupo de contratos, que começa pelos contratos com os sócios e vai desde contratos com fornecedores e clientes até contratos com trabalhadores e contratos de empréstimo necessários para suprir as necessidade de fundo da empresa.[32]

Contudo, os contratos entabulados pela pessoa jurídica são incompletos, isto é, não conseguem prever todas as possibilidades e situações dele decorrentes, mesmo porque são permeados por assimetria de informações, o que significa dizer, no âmbito da sociedade familiar, que nem todos os membros e sócios possuem o mesmo grau de informação e conhecimento sobre a situação empresarial.

Isso porque, alguns familiares desempenham atividades na empresa e outros não; e, mesmo os que desempenham, não conseguem ter controle de tudo que se passa no seio da atividade empresarial. A propósito esclarece Rachel Sztajn:

> A incompletude contratual, segundo a noção econômica do termo, pode ser acolhida pelo Direito na medida e nos limites que se reconhece que nem sempre as partes podem dispor de forma precisa sobre os eventos que venham a incidir sobre o objeto do contrato, sobre o objeto das prestações das partes e as assembleias gerais. Estas são, nas companhias, o *locus* para tais renegociações. E, mesmo neste plano, quanto maior for o espaço em que as partes podem dispor a respeito dos seus interesses, mais largo é o exercício da autonomia privada e mais flexíveis são os contratos para refletir ajustes livremente desempenhados pelos acionistas.[33]

Logo, cumpre à sociedade empresarial se utilizar de meios para minimizar os impactos decorrentes dessa ausência de paridade informa-

---

[32] SALOMÃO, Calixto Filho. **O novo direito societário**. São Paulo: Malheiros, 2011, p. 42/43.

[33] SZTAJN, Rachel e VERÇOSA, Haroldo Malheiros Duclerc. A incompletude do contrato de sociedade. **Revista de Direito Mercantil**, v. 131, p – 7-20, 2003.

cional, o que, obviamente, pode e deve ser feito por meio do Protocolo Familiar e ajustes societários dele decorrentes, sem perder de vista elementos que lhe garantam validade e eficácia.

Nesse cenário de relações contratuais incompletas é que surgem os custos provenientes de conflitos de agência, isto é, perdas decorrentes de desgastes entre sócios ou entre estes e partes relacionadas, o que fica ainda mais evidente em sociedades/empresas de cunho familiar.

Nesse diapasão, empresas perdem valor ou são extintas por conflitos societários decorrentes de brigas familiares, como, por exemplo, a ausência de quórum para aprovação de deliberação essencial à condução da atividade empresarial, em que não se alcança consenso por rusgas familiares que levam os sócios a divergirem por questões pessoais. Nestes casos, em que a emoção toma à frente da direção dos negócios, o direito societário pode e deve regular com maior precisão as relações sociais, fornecendo estruturas que efetivamente permitam a aplicação prática das disposições constantes no papel[34].

É dentro desse cenário que se encontram inseridos os conflitos de agência, isto é, conflito entre acionistas, entre os acionistas e administradores e acionistas e terceiros (*stakeholders* – agentes externos à atividade empresarial). Os conflitos mais comuns são entre *shareholders*, isto é, entre acionistas ou entre acionistas e administradores, seja pela briga para acesso ao poder, ocupação de cargos ou mesmo distribuição de dividendos, na esteira do que delimita Camila Elito:

> O conflito de agência nas empresas familiares surge também da sobreposição de funções dos membros da família dentro da empresa, como o acúmulo dos papéis de sócio, membro do conselho de administração e diretor-presidente (CEO) da empresa. Já que, sendo o CEO membro do conselho de administração, que é o órgão responsável pela supervisão dos executivos

---

[34] Vide comentário de Gladston Mamede sobre a questão: "Note-se que o Direito de Família não cometeu o erro de pretender criar regras detalhadas para definir o relacionamento entre irmãos, pais e filhos etc., o que seria um equívoco, considerando a carga eminentemente afetiva dessas relações. No entanto, é próprio do Direito Societário o trabalho com as normas de convivência entre os sócios. Resulta daí que a constituição de uma holding familiar implica a submissão de familiares ao ambiente societário, ou seja, as regras de convivência que, embora exclusivas do plano societário e patrimonial (quando se trata de uma holding), acabam por alcançar o ambiente familiar". In: MAMEDE, Gladston MAMEDE, Eduarda Cotta. **Planejamento Sucessório**. São Paulo: Atlas, 2015. p. 116-117.

da companhia, torna-se complicado que esse órgão exerça efetivamente o monitoramento do CEO e da sua diretoria.[35]

Por isso que normas claras e previamente ajustadas minimizam o impacto de conflitos entre esses agentes, reduzindo o desgaste decorrente de questionamentos a respeito do caráter ou competência de um administrador, ou a participação de um sócio ou mesmo os valores que são pagos a título de dividendos, por exemplo.

Nessa linha, se todos conhecem as regras do jogo, a possibilidade de questionamentos futuros é bem menor, evitando-se ou, ao menos, minimizando-se a repercussão dos desentendimentos familiares, conforme destacam Gladston Mamede e Eduarda Cotta Mamede:

> Muito se fala dos problemas das empresas familiares, de seus desafios, de suas dificuldades. Mas é possível intervir juridicamente sobre a sociedade empresária familiar para otimizar a sua condição de ambiente que favorece e estimula o bom relacionamento, o que se faz por meio de estruturas jurídicas específicas. Essa meta tem na sua raiz o estímulo à participação de cada familiar na condição de investidor, de sócio, de proprietário de partes do capital social (quotas ou ações) e, assim, com participação útil nas reuniões e assembleias, com interesse nos assuntos societários e no futuro da empresa. Assim, é possível transformar a sociedade num espaço para preservação da unidade familiar.[36]

Por fim, imprescindível esclarecer que esses conflitos se distinguem e alcançam maior ou menor repercussão a depender do momento pelo qual a empresa familiar passa, isto é, se em estágio inicial, de crescimento ou de maturidade.

1.4.1.2 As fases da empresa familiar

As empresas familiares, assim como toda e qualquer empresa, passam por três fases essenciais, isto é, início das atividades empresariais, cresci-

---

[35] ELITO, Camila Acayaba. **A importância do acordo familiar na comunicação nas empresas familiares: uma visão de governança.** 2014. 153 f. Monografia (L.L.M. Direito Societário) – Insper Instituto de Ensino e Pesquisa, São Paulo, 2014, p. 69.

[36] MAMEDE, Gladston e MAMEDE, Eduarda Cotta. **Planejamento Sucessório.** São Paulo: Atlas, 2015. p. 138/139.

mento e maturidade, esta última em que se costuma ter a estagnação da atividade empresarial.

Esses momentos na vida da empresa familiar tendem a interagir com três outras facetas, a ver: (i) o início das atividades é permeado por um fundador e controlador único, que costuma centralizar em si as decisões; (ii) o crescimento e posicionamento no mercado, em que os herdeiros (irmãos) tomam a frente da atividade empresarial; e, por fim, (iii) a maturidade, quando se está em uma terceira geração, na qual os primos já assumem o controle da atividade social. Nessa última hipótese já costuma haver uma multiplicidade de pessoas com graus de parentesco distintos intervindo na atividade social, o que certamente aumenta a potencialidade de conflitos.

Não necessariamente nascimento, crescimento e maturidade coincidem com as três fases familiares mais comuns acima listadas, havendo interpenetração das mesmas a depender da peculiaridade de desenvolvimento de cada empresa.

Para analisar esta estrutura, existe o modelo dos três eixos – desenvolvimento tridimensional, abaixo definido:

> Segundo Gersick et al. (2006), o eixo propriedade contém as fases: proprietário controlador, associação de irmãos e consórcio de primos. O eixo empresa é formado pelas fases: momento da fundação, processo de expansão e de formalização e maturidade. Por fim, o eixo da família apresenta quatro fases: família empresária jovem, entrada para a empresa, trabalho em conjunto e transferência de poder.[37]

Com efeito, a mudança do estágio em que se encontra estabelecida a sociedade/empresa não possui um ritmo pré-definido, variando caso a caso, conforme ocorram acontecimentos na vida empresarial, porém, é extremamente importante que seus sócios estejam preparados para essas mudanças. Sobre essas alterações delimita Gersick *et al.*:

> A mudança de um estágio para outro pode ser gradual. Nossa observação de empresas familiares diz que essa mudança com frequência ocorre de forma súbita e, muitas vezes, em resposta a eventos provocadores. Uma ampla va-

---

[37] PEREIRA, Antônio Carlos Soares, *et al.* Desconstrução do mito e sucessão do fundador em empresas familiares. **RAC**, Rio de Janeiro, v. 17, n. 5, p. 518-535, set./out. 2013.

riedade de eventos na área de negócios – por exemplo, a súbita abertura de um novo mercado, ou a conquista de um novo e importante cliente – pode lançar a empresa na trilha do desenvolvimento. Além disso, mudanças em participações acionárias e relacionamentos familiares também podem provocar (ou retardar) o crescimento organizacional. Os exemplos incluem um influxo repentino, ou uma retirada negociada ou não planejada, de uma parcela significativa do capital de um investimento da família. De forma mais gradual, o processo sucessório – em alguns casos, uma simples conversa explícita a respeito da sucessão – pode fazer com que a empresa se desloque para o estágio seguinte. A passagem do controle acionário e de gerenciamento a membros da geração mais jovem da família pode levar uma empresa rapidamente a uma fase de crescimento.[38]

Acrescenta Gersick *et al.* sobre cada uma das dimensões de tempo e espaço em que a empresa pode estar inserida:

A dimensão do desenvolvimento da empresa completa o modelo tridimensional. Cada uma das dimensões possui uma qualidade ligeiramente diferente; o ritmo e o padrão de desenvolvimento ao longo do tempo são diferentes para acionistas, família e empresas. Mas o conhecimento do estágio vigente de cada uma contribui para a compreensão do caráter único da empresa familiar.[39]

Como se verá mais adiante, cada um dos estágios do modelo tridimensional representa determinado vínculo ou relação entre família, propriedade e gestão (chamado modelo dos três círculos), bem como pode desencadear conflitos específicos.

Porém, cumpre, ainda no tocante ao panorama das sociedades empresárias familiares, verificar em que pé está a regulamentação da empresa familiar no Brasil.

---

[38] GERSICK, Kelin *et al.* **De geração para geração:** ciclos da vida das empresas familiares. São Paulo: Negócios, 1997, p. 106/107.

[39] GERSICK, Kelin *et al.* **De geração para geração:** ciclos da vida das empresas familiares. São Paulo: Negócios, 1997, p. 131.

1.5 Ausência de regulamentação específica no Brasil

Além da importância, conceito e características das empresas familiares, mister registrar que no Brasil, diferentemente de alguns outros países, notadamente Itália[40] e Espanha[41], não existem previsões legais que enquadrem especificamente esta modalidade de desenvolvimento de atividade empresarial.

Essa lacuna normativa faz com que as empresas familiares tenham de estabelecer e direcionar suas atividades no estreito liame entre direitos contratual, societário, sucessório, regulatório e familiar já legislados no Brasil, sendo que a ausência de uma norma clara pode gerar interpretações distorcidas ou má aplicação de conceitos em demandas judiciais ou arbitrais, por exemplo, bem como afetar a efetividade esperada de tal documento.

Nesse sentido, seria extremamente importante a existência de regulamentos sobre a matéria e os institutos que lhe são correlatos, como é o caso do Protocolo Familiar, mesmo porque a legalidade e eficácia de tal documento dependem da interpenetração de diversas normas.

---

[40] Código Civil italiano: Art. 230-bis Impresa familiare.
Salvo che configurabile un diverso rapporto, il familiare che presta in modo continuativo la sua attività di lavoro nella famiglia o nell›impresa familiare ha diritto al mantenimento secondo la condizione patrimoniale della famiglia e partecipa agli utili dell›impresa familiare ed ai beni acquistati con essi nonché agli incrementi dell›azienda, anche in ordine all›avviamento, in proporzione alla quantità alla qualità del lavoro prestato. Le decisioni concernenti l›impiego degli utili e degli incrementi nonché quelle inerenti alla gestione straordinaria, agli indirizzi produttivi e alla cessazione dell›impresa sono adottate, a maggioranza, dai familiari che partecipano alla impresa stessa. I familiari partecipanti all›impresa che non hanno la piena capacità di agire sono rappresentati nel voto da chi esercita la potestà su di essi. Tradução da Autora: A menos que um relacionamento diferente possa ser configurável, o membro da família que presta serviços à empresa tem direito, na proporção do trabalho prestado, à manutenção do vínculo social de acordo com o status de propriedade familiar, sendo que participa nos lucros da empresa familiar, de modo que os bens comprados com os lucros, bem como reinvestimentos na empresa, também em termos de *start up*, lhes são de direito. As decisões relativas à utilização de lucros e aumentos, bem como as relativas à gestão extraordinária, às diretrizes de produção e ao encerramento da empresa, são adotadas pela maioria dos membros da família que participam da empresa. Os membros da família que participam da empresa e que não têm a plena capacidade de agir serão representados, no voto, por aqueles que exercem o poder sobre eles.
[41] Real Decreto 171/2007.

ASPECTOS ECONÔMICOS E JURÍDICOS DAS EMPRESAS FAMILIARES

Portanto, pouco se fala e muito menos se legisla no Brasil a respeito das empresas familiares, em que pese representarem a força motriz da atividade empresarial[42], sendo que no mundo a análise e estudos desse tipo de empresa/sociedade tem crescido[43], incluindo a existência de legislação específica em alguns países, em que se encoraja a existência e registros dos Protocolos Familiares[44], por exemplo.

Na Espanha, exemplificativamente, existe o Real Decreto 171/2007, que regula a publicidade dos Protocolos Familiares e a sua conciliação com os contratos/estatutos sociais. Inclusive, referida norma traz em seu bojo conceito de Protocolo Familiar[45], sua vinculação à sociedade e os

---

[42] Conforme informa o SEBRAE, informação anteriormente referenciada.

[43] PRADO, Roberta Nioac. Empresas familiares – governança corporativa, familiar e jurídico--sucessória. In: PRADO, Roberta Nioac (Coord.). **Empresas familiares: governança corporativa, governança familiar, governança jurídica**. São Paulo: Saraiva, 2011. p. 19-70.

[44] PLETI, Ricardo Padovini. Empresas familiares e famílias empresárias: desafiadora transição entre duas realidades sistêmicas. In: COELHO, Fabio Ulhoa; FÉRES, Marcelo Andrade (Coord.). **Empresa familiar: estudos jurídicos**. São Paulo: Saraiva, 2014.

[45] Artículo 2 Definición de protocolo familiar y su publicidad

1. A los efectos de este real decreto se entiende por protocolo familiar aquel conjunto de pactos suscritos por los socios entre sí o con terceros con los que guardan vínculos familiares que afectan una sociedad no cotizada, en la que tengan un interés común en orden a lograr un modelo de comunicación y consenso en la toma de decisiones para regular las relaciones entre familia, propiedad y empresa que afectan a la entidad.

2. La sociedad sólo podrá publicar un único protocolo, suscrito por sus socios, si bien el mismo puede ser objeto de diversas formas de publicidad. En el supuesto de que el protocolo familiar afecte a varias sociedades, cada una de ellas podrá publicarlo en la parte que le concierna. Publicada la existencia de un protocolo no podrá reflejarse en el Registro Mercantil la constancia de otro diferente si no se expresare en la solicitud que el que pretende su acceso al registro, es uma modificación o sustitución del publicado.

3. La publicidad del protocolo tiene siempre carácter voluntario para la sociedad.

Tradução da Autora:

Artigo 2 Definição do protocolo familiar e sua publicidade

1. Para efeitos do presente Decreto Real, Protocolo Familiar significa um conjunto de acordos assinados pelos sócios entre si ou com outras partes que mantêm laços familiares e que afetam uma empresa, sendo que todos têm um interesse comum, a fim de alcançar um modelo de comunicação e consenso na tomada de decisão para regular as relações entre família, propriedade e empresa, que afetam a pessoa jurídica.

2. A empresa só pode publicar um protocolo único, assinado por seus sócios, embora o mesmo possa ser objeto de várias formas de publicidade. No caso de o protocolo familiar afetar várias sociedades, cada uma delas pode publicá-lo na parte que a diz respeito. Publicada a existência de um Protocolo no respectivo Registro Mercantil, não será admitida a publicação de

LEGALIDADE, EFICÁCIA E IMPLICAÇÕES SOCIETÁRIAS DO PROTOCOLO FAMILIAR

requisitos de registro e validade do acordo. Nota-se, assim, a preocupação do governo espanhol em fornecer diretrizes para a condução dos negócios sociais, bem como reconhecer a validade e importância do Pacto Familiar.

Certamente que a regulamentação no Brasil seria muito bem-vinda, especialmente para afastar qualquer antinomia ou mínima suspeita de ilegalidade no tangente a reorganizações societárias e planejamento sucessório no âmbito de sociedades familiares, isso porque o art. 426, do CC, prevê: "Não pode ser objeto de contrato a herança de pessoa viva".

Tal disposição do Código Civil chega a suscitar na doutrina questionamentos sobre os limites e forma de organizações familiares, societárias e empresariais possíveis. Entretanto, se já houvesse regulamentação sobre o tema, especialmente excetuando a aplicação do artigo supra em caso de sociedades familiares, provavelmente as dúvidas seriam estancadas e a utilização do instituto mais disseminada.

De toda sorte, entendemos ser plenamente possível definir prévias regras de conduta e comportamento a fim de irradiarem efeitos sobre a atividade empresarial (caso do Protocolo Familiar), desde que observadas certas questões preliminares capazes de proporcionar a efetividade ansiada.

Nessa perspectiva, compete agora entender, do ponto de vista da governança (seja familiar, jurídica ou corporativa), a importância de se organizar família, propriedade e gestão, o que se efetiva por meio do Protocolo Familiar e dos efeitos societários que dele se irradiam, tudo em prol da perpetuidade da atividade empresarial desenvolvida pela família, sem perder de vista aspectos ligados à legalidade e eficácia de tal Pacto.

---

outro, exceto se houver a ressalva de que visa modificar ou substituir o anteriormente registrado.

3. A publicação do Protocolo é sempre de caráter voluntário para a sociedade.

2. Governança e planejamento nas empresas familiares

O que se visa discutir no presente Capítulo refere-se justamente à forma de estruturação empregada pela sociedade, que no conjunto de atividades organizadas compõe a empresa.

Especificamente a respeito da sociedade de cunho familiar, é certo que apresenta predisposição maior a conflitos em vista da mistura de relacionamentos, sendo que o estabelecimento de mecanismos de organização, dentre eles a governança, têm o condão de auxiliar no processo de longevidade, pois, conforme esclarece Ricardo Padovini Pleti[46] sobre tal sociedade: "(...) opta-se por compreendê-la como aquela em que as condições estruturais de propriedade e de gestão são consideravelmente influenciadas por questões concernentes ao parentesco entre seus colaboradores".

Em reforço, Claudia Viegas e Gabrielle Bonfim destacam o seguinte no tangente à sociedade familiar:

> Sendo assim, mecanismos eficientes devem ser buscados para que este tipo de sociedade se fortifique com o decorrer dos anos, desenvolvendo-se através da geração seguinte, e, é neste ponto que as práticas da governança corporativa poderão contribuir para o fortalecimento dessas empresas como se verá.

---

[46] PLETI, Ricardo Padovini. **Empresas Familiares e Famílias empresárias: desafiadora transição entre duas realidades sistêmicas.** In: COELHO, Fábio Ulhoa; FÉRES, Marcelo Andrade. (Coord.). **Empresa Familiar: Estudo jurídicos.** São Paulo: Saraiva, 2014, p. 68.

Dessa forma, a profissionalização da administração das empresas familiares é fator preponderante para que estas sanem os problemas enfrentados pela ausência de padronização de seus atos diretivos, como forma de se perpetuarem no mercado. Portanto, atividades organizadas tornam-se mais previsíveis, o que permite, de antemão, criar mecanismos prévios de solução de conflitos.[47]

Logo, planejamento e governança, os quais fomentam a elaboração de um Protocolo Familiar, são palavras de ordem na definição das atividades empresariais, razão pela qual devem estar presentes em todo e qualquer tipo de organização societária, seja familiar ou não.

2.1 Família, propriedade e gestão

Como visto, a profissionalização advinda da adoção de mecanismos de governança tende a afastar os problemas pessoais dos profissionais, criando esferas distintas e bem delineadas do que seria família, propriedade e gestão; o que também impulsiona o enfraquecimento de conflitos entre acionistas, administradores e familiares, já que cada um sabe o seu papel.

Dessa forma, a identificação a respeito do que configura cada uma das três esferas anteriormente referidas encontra importância significativa na condução dos negócios sociais, porquanto permite a divisão e visualização de cada uma, as quais tangenciam as relações societárias e familiares, facilitando a confecção do Protocolo Familiar.

Tal separação cria o chamado Modelo dos Três Círculos, que, aplicado no tempo, gera a percepção tridimensional da atividade empresarial, teorias que se destacam a seguir.

2.1.1 Modelo dos Três Círculos

Desenvolvido em Harvard por um grupo de pesquisadores, tal modelo encontra-se descrito no livro de Geração para Geração, em que Gersick *et al.*, esclarece que: "O modelo dos três círculos descreve o sistema da

---

[47] VIEGAS, Cláudia Mara de Almeida Rabelo; e BONFIM, Gabrielle Cristina Menezes Ferreira. Governança corporativa nas empresas familiares: profissionalização da administração e viabilidade na implantação de planos jurídico-sucessórios eficientes. **Revista de Direito Empresarial**, vol. 14/2016, p. 73 – 91, mar. – abr. 2016.

empresa familiar como três subsistemas independentes, mas superpostos: gestão, propriedade e família."[48]

Nesse sentido, a empresa familiar se desenvolve sobre esses três pilares, sendo que, a depender do momento de desenvolvimento pelo qual está passando ou do tipo de organização *interna corporis*, experimenta maior ou menor evolução de cada um desses elementos primordiais, que, necessariamente, convivem durante toda a vida da sociedade.

Com efeito, a família significa o núcleo familiar, independentemente de o parente ser sócio e/ou desempenhar cargo de gestão e/ou ter algum emprego na sociedade. Já a propriedade representa a sociedade em si e a participação social que se tem, sendo ou não da família. Por sua vez, gestão indica a forma de condução da atividade empresarial, estando intimamente relacionada ao conceito de controle[49] nas sociedades.

Nessa esteira, esses três elementos se interligam formando a seguinte figura:

Figura 1 – Modelo dos Três Círculos

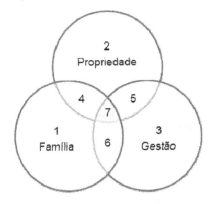

Fonte: Adaptado de GERSICK, Kelin *et al.* De geração para geração: ciclos da vida das empresas familiares. São Paulo: Negócios, 1997.

---

[48] GERSICK, Kelin *et al.* **De geração para geração:** ciclos da vida das empresas familiares. São Paulo: Negócios, 1997, p. 6.
[49] Entende-se como característica de acionista controlador, para fins de sociedades anônimas: "(...) a observância cumulativa dos 3 (três) requisitos mencionados nas alíneas "a" e "b": (i) a maioria dos votos nas deliberações da assembleia geral; (ii) o poder de eleger a maioria dos administradores da companhia; e (iii) o uso efetivo do poder de controle para dirigir as atividades sociais e orientar o funcionamento dos órgãos da companhia". In: EIZIRIK, Nelson. **A Lei das S/A Comentada.** Vol. 2. São Paulo: Quartier Latin, 2015, p. 223.

A depender do vínculo mantido entre as pessoas e a sociedade, é possível se ocupar diferentes posições, identificadas pelos números acima referidos e ora sintetizadas como: (1) parente, membro integrante da família, que não é sócio, tampouco desempenha qualquer atividade na sociedade; (2) acionista/quotista da sociedade, que não compõe o quadro familiar, bem como não desempenha cargo de gestão; (3) administrador da sociedade, que não tem participação social, tampouco integra a família; (4) sócio integrante da família, porém, não participa da gestão da sociedade; (5) sócio que desempenha cargo de gestão, mas não faz parte da família; (6) membro da família que tem cargo de administração, contudo, não é sócio; e (7) reúne os três requisitos, isto é, faz parte da família, é sócio e tem cargo de gestão, este tende a ser o papel do fundador.

Observa-se, assim, que a sociedade familiar permite diferentes interações entre os agentes que com ela mantém vínculo, eis que se espraia em três diferentes setores, o que, obviamente, demanda medidas para não permitir que um interfira negativamente no outro.

Logo, é importante entender o momento pelo qual a empresa/sociedade passa para melhor alocar interesses, coordenando-os, o que indica a necessidade de compreensão do Modelo de Desenvolvimento Tridimensional.

2.1.2 Modelo de Desenvolvimento Tridimensional

Considerando os três círculos acima destacados, cada um deles apresenta crescimento em um dado sentido, de modo que encerram dimensões distintas ao longo do tempo, razão pela qual a empresa/sociedade, que reúne esses três elementos, experimenta um crescimento tridimensional.

Tal Modelo, assim como o dos Três Círculos, foi desenvolvido em Harvard e encontra-se retratado na obra De Geração para Geração, em que se evidenciam as fases de desenvolvimento da empresa, conforme Gersick *et al.* explica:

> O resultado da adição do desenvolvimento ao longo do tempo aos três círculos é um modelo tridimensional de desenvolvimento da empresa familiar (...). Para cada um dos três subsistemas – propriedade, família e gestão / empresa – existe uma dimensão separada de desenvolvimento.[50]

---

[50] GERSICK, Kelin *et al.* **De geração para geração: ciclos da vida das empresas familiares**. São Paulo: Negócios, 1997, p. 16.

A figura a seguir representa as fases mencionadas no referido estudo:

Figura 2 – Modelo de Desenvolvimento Tridimensional

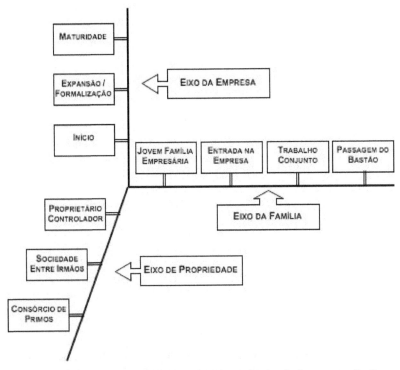

Fonte: GERSICK, Kelin *et al*. **De geração para geração:** ciclos da vida das empresas familiares. São Paulo: Negócios, 1997.

Explicando esse modelo Antônio Carlos Pereira delimita que:

Segundo Gersick et al. (2006), o eixo propriedade contém as fases: proprietário controlador, associação de irmãos e consórcio de primos. O eixo empresa é formado pelas fases: momento da fundação, processo de expansão e de formalização e maturidade. Por fim, o eixo da família apresenta quatro fases: família empresária jovem, entrada para a empresa, trabalho em conjunto e transferência de poder.[51]

---

[51] PEREIRA, Antônio Carlos Soares, *et al*. Desconstrução do mito e sucessão do fundador em empresas familiares. **RAC**, Rio de Janeiro, v. 17, n. 5, p. 518-535, set./out. 2013.

Observa-se, portanto, que cada um dos eixos representa um dos círculos, considerando desde a fundação da sociedade até a sua maturidade, expandindo o controle do fundador a outros familiares, de modo que também considera o processo de sucessão que se dá no âmbito do comando societário.

Ademais, a compreensão de cada uma dessas fases acarreta o efetivo conhecimento da atividade empresarial e o momento pelo qual passa, o que facilita a criação de mecanismos de controle da atividade empresarial e família ajustados à realidade do momento, como o Protocolo Familiar, que, da mesma forma que a empresa, deve estar em constante mutação e atualização, devendo sempre ser compatibilizado com a legislação em vigor.

Nesse norte, Gersick *et al.*:

> A dimensão do desenvolvimento da empresa completa o modelo tridimensional. Cada uma das dimensões possui uma qualidade ligeiramente diferente; o ritmo e o padrão de desenvolvimento ao longo do tempo são diferentes para acionistas, família e empresas. Mas o conhecimento do estágio vigente de cada uma contribui para a compreensão do caráter único da empresa familiar.[52]

Portanto, a importância de se entender o período em que inserida a atividade empresarial é essencial, tanto para se definir o melhor formato dos documentos contratuais e societários que irão estruturar a empresa e a família (Protocolo Familiar, Acordo de Sócios, Atos Constitutivos), como para alinhar dispositivos de governança familiar, corporativa e jurídica.

Nesse cenário, não basta conhecimento específico de direito societário, mas uma verdadeira junção entre o entendimento familiar e o posicionamento da empresa no mercado; tudo isso com vistas a garantir a continuidade da atividade até então exercida, sem prejuízo do obrigatório conhecimento dos limites legais existentes para este tipo de operação.

---

[52] GERSICK, Kelin *et al.* **De geração para geração: ciclos da vida das empresas familiares.** São Paulo: Negócios, 1997, p. 131.

2.2 Governança familiar, corporativa e jurídica

Como visto acima, família, propriedade e gestão acabam se interpenetrando e formulando potenciais conflitos em empresas familiares, que, por sua vez, podem atingir a organização empresarial, consoante delimita Rubia Carneiro Neves:

> Considerando que os titulares de organizações empresariais ocupam ou podem vir a ocupar algum vínculo familiar, seja como filho, pai, mãe, cônjuge, convivente, e com grande possibilidade de estabelecer o status de herdeiro ou de cujus, visualiza-se uma enorme gama de problemas que esses vínculos familiares podem causar ao patrimônio empresarial, quando não, até mesmo comprometerem a existência da organização empresarial.[53]

Nesse contexto, é extremamente importante verificar estes três elementos (família, propriedade e gestão), criando um tipo de governança para cada um deles, no caso, familiar, jurídica e corporativa, as quais devem operar em conjunto.

2.2.1 Conceitos

No eixo da família encontra-se a governança familiar, destinada a traçar diretrizes sobre a forma de condução da relação entre familiares, sendo representada pelo Pacto Familiar, que identifica e fixa orientações a respeito das políticas a serem seguidas, estabelecendo verdadeiro Código de Conduta, que, irremediavelmente, transborda para a atividade empresarial.

Sobre a questão conceitua Roberta Nioac Prado:

> A governança familiar, primordialmente relativa ao círculo da família, pode ser definida como o conjunto de regras e estruturas privadas que tem por objetivo administrar questões relativas às relações pessoais e sociais entre os familiares ligados a uma empresa. Essa espécie de governança pode ter vários contornos, menos ou mais simplificados, que dependerão, funda-

---

[53] NEVES, Rubia Carneiro. **Meios protetivos da dissipação do patrimônio empresarial por algumas relações de família: cláusula de incomunicabilidade, acordo de convivência e pacto antenupcial.** In: COELHO, Fábio Ulhoa; FÉRES, Marcelo Andrade. (Coord.). **Empresa Familiar: Estudo jurídicos.** São Paulo: Saraiva, 2014, p. 351.

mentalmente, do tamanho e da complexidade da família e da empresa, bem como das necessidades e dos interesses que se pretenda regular.[54]

De outra banda, a propriedade implica coordenação jurídica, vale dizer, organização e controle da participação societária, segundo dispositivos legais aplicáveis, de modo a cumprir a sua própria função social, bem como de acordo com regras e princípios contratualmente eleitos pelas partes, como é o caso do estatuto/contrato social, por exemplo.

Por seu turno e de importância significativa, porquanto influencia diretamente as outras duas formas de governança, encontra-se a corporativa, conceituada por Alexandre Di Miceli da Silveira como:

> O que chamamos de "governança corporativa" diz respeito à maneira pela qual as sociedades são dirigidas e controladas, incluindo suas regras explícitas e tácitas, com destaque para o relacionamento entre seus principais personagens: diretoria, conselho de administração e acionistas. Trata-se de um tema que exige uma abordagem multidisciplinar, englobando áreas como ética empresarial, gestão, liderança, psicologia social, direito, economia, finanças e contabilidade, entre outras.
>
> Em última instância, a governança corporativa visa criar, nas empresas, um ambiente no qual as pessoas procurem voluntariamente cumprir as regras e tomar decisões no melhor interesse comum de longo prazo da organização. Para os públicos externos, o movimento da governança procura ainda fazer com que as empresas sejam transparentes e sustentáveis em reação a seus resultados financeiros e impactos não financeiros, bem como assegurar a todos os acionistas o exercício pleno de seus direitos.[55]

Assim sendo, a governança corporativa mostra-se útil sob o viés de controle *interna corporis*, proporcionando grande domínio dos processos internos de tomada de decisão, bem como do dimensionando dos efeitos destes na empresa; por outro lado, permite maior contato e comprometimento por parte tanto de *shareholders*, como *stakeholders*. Isso por-

---

[54] PRADO, Roberta Nioac. **Empresas familiares – características e conceitos.** PRADO, Roberta Nioac (Coord.). **Empresas familiares: governança corporativa, governança familiar, governança jurídica.** São Paulo: Saraiva, 2011, p. 40.

[55] DA SILVEIRA, Alexandre Di Miceli. **Governança corporativa no Brasil e no mundo.** 2ª ed.: São Paulo: Campus, 2015, p. 3.

GOVERNANÇA E PLANEJAMENTO NAS EMPRESAS FAMILIARES

que, procedimentos internos bem ajustados e conduzidos aumentam o índice de confiabilidade, o que, além de atrair investidores, aumenta valor de mercado da empresa, bem como minimiza conflitos familiares, dada a alta carga de transparência na gestão.

Estes são, em essência, os conceitos de governança atrelados a cada um dos círculos que envolvem a empresa/sociedade familiar, agora vejamos mais detalhadamente suas implicações.

2.2.2 Importância

Com efeito, a governança visa disciplinar as regras a serem seguidas, razão pela qual sua importância reside na organização dos fatores familiares, jurídicos e corporativos que influenciam nas tomadas de decisão e destino da sociedade. Portanto, é uma verdadeira forma de estabilização de relações sociais, sendo o Protocolo Familiar seu aliado.

Marcelo Silva esclarece com bastante propriedade a relevância dos mecanismos de *check and balances* criados pela governança, a ver:

> Caberá sempre aos agentes interessados sejam eles administradores, credores ou investidores, as primordiais tarefas de seleção e análise criteriosa, além do monitoramento de riscos e resultados. Nesse sentido, é importante o relacionamento entre acionistas, gestores e o Conselho de Administração. O cumprimento das "regras do jogo" não só inibe ações oportunísticas e minimiza riscos, como ainda, ao atingir um raio maior de abrangência no que concerne a outros tantos agentes econômicos, ajuda a exponenciar a credibilidade da empresa, influenciando positivamente sua reputação.[56]

Nessa toada, a governança delimita regras e confere se as mesmas estão sendo seguidas, o que é feito por meio dos princípios de transparência, equidade, prestação de contas e responsabilidade pelos atos corporativos, os quais são aplicáveis em qualquer esfera do relacionamento empresa-família.

A importância da governança ganha contornos ainda mais expressivos quando se observa os métodos de controle e previsão de orçamento, receita, despesas e, principalmente, gestão e correção de crises e con-

---

[56] SILVA, Marcelo Castro Domingos. Governança corporativa: efeitos na gestão de riscos, acesso ao capital e valor da empresa. In: BOTREL, Sérgio; BARBOSA, Henrique (Coords.). **Finanças corporativas – Aspectos jurídicos e estratégicos**. São Paulo: Atlas, 2016. p. 259.

LEGALIDADE, EFICÁCIA E IMPLICAÇÕES SOCIETÁRIAS DO PROTOCOLO FAMILIAR

flitos, aspectos que decorrem de procedimentos fixados pelas práticas adotadas e pré-definidas. Obviamente, tais questões agregam valor a uma sociedade.

Contudo, de nada adianta implementar medidas de controle se não for possível criar um ambiente para troca de ideias e diretrizes sobre a condução da família e empresa. Nesse contexto, John Davis elenca três medidas primordiais para maior efetividade da governança, especialmente a familiar:

Sao três os elementos essenciais na governança familiar:

• Assembleias periódicas (tipicamente anuais) da família: Todos os negócios familiares podem se beneficar disso.

• Reuniões do conselho de família, o que beneficia um grupo representativo de familiares, fazendo planejamento, criando políticas e fortalecendo a comunicação empresarial e familiar.

• Uma Constituição Familiar – norma que regulamenta as políticas da família, definindo a visão e os valores que regulam o relacionamento dos familiares com o negócio. Este documento escrito pode ser curto ou longo, detalhado ou simples, mas toda família empresária se beneficia desse tipo de declaração (Tradução da Autora).[57-58]

Nessa linha de pensamento, a governança permite que sócios e familiares se reúnam para realizar arranjos que proporcionem maior fluidez na comunicação e condução da empresa, definindo foros de discussão e organização, como é o caso dos conselhos de família e de administração, que podem e devem ter certas previsões insculpidas no próprio Proto-

---

[57] DAVIS, John A. The Three Components of Family Governance. 12 nov 2001. Boston. Disponível em: http://hbswk.hbs.edu/item/the-three-components-of-family-governance. Acesso em 27 fev. 2017.

[58] There are three components to family governance:

• Periodic (typically annual) assemblies of the family; all families in business can benefit from this activity.

• Family council meetings for those families that benefit from a representative group of their members doing planning, creating policies, and strengthening business-family communication and bond.

• A family constitution—the family's policies and guiding vision and values that regulate members' relationship with the business. This written document can be short or long, detailed or simple, but every family in business benefits from this kind of statement.

colo Familiar, que deverá conter cláusulas essenciais, conforme se verá com maior propriedade no Capítulo seguinte.

Assim, a governança é o conjunto de atividades de aculturamento e mecanismos (internos ou externos) de incentivo e controle que proporcionam escolhas no melhor interesse de longo prazo da organização, de modo que as empresas/sociedades sejam transparentes com seus *stakeholders* e assegurem direitos aos sócios de forma equânime[59], sem se desapegar do papel que cada pessoa ocupa no modelo de família, propriedade e gestão. Dessa maneira, torna-se um facilitador da aplicação do Protocolo Familiar.

2.2.3 Efeitos

Face ao exposto, a governança agrega valor à atividade da sociedade familiar, organizando-a e permitindo um maior controle de causas e consequências de toda e qualquer decisão que venha a ser tomada, especialmente porque tende a criar e fomentar ambientes adequados de debates, como é o caso do conselho de família e de administração, o primeiro destinado a assuntos familiares e o segundo de condução da atividade social.

Nesse cenário, é extremamente pertinente que, por consequência da governança, os familiares e sócios tenham meios de expor seus pensamentos e perspectivas sobre o futuro familiar e empresarial, sendo que: "Conselhos que realmente funcionam podem ser de uma riqueza ímpar para acompanhar e auxiliar em um plano estratégico, não importando o tamanho que elas tenham"[60].

Em caráter complementar, explicita Gersick *et al.*:

> É muito melhor para os membros dos três subsistemas quando os proprietários têm sancionado oficialmente oportunidades para conversar e tornar conhecidas as opiniões. As estruturas que permitem essas oportunidades são as reuniões de acionistas e os Conselho de Administração ou Consultivos.[61]

---

[59] SILVEIRA, Alexandre Di Miceli da. **Governança corporativa no Brasil e no mundo – teoria e prática.** 2ª ed. São Paulo: Campus, 2015.

[60] NICOLIELLO, Mary. **A importante tarefa de desenvolver acionistas responsáveis.** In: PRADO, Roberta Nioac (Coord). **Empresas familiares: uma visão interdisciplinar.** São Paulo: Noeses, 2015, p. 223.

[61] GERSICK, Kelin *et al.* **De geração para geração: ciclos da vida das empresas familiares.** São Paulo: Negócios, 1997, p. 227.

Logo, nota-se que os efeitos decorrentes da governança são extremamente positivos, proporcionando o diálogo, a criação de estruturas organizadas, de forma que tende a mediar e minimizar conflitos.

2.3 Governança como mediadora de conflitos

Inicialmente, convém relembrar que a empresa familiar está em constante mutação, de modo que os três eixos, família, propriedade e gestão, encontram-se em perene transformação e aprimoramento, sendo que a governança, da mesma forma que o Protocolo Familiar, deve se adaptar a estas situações, conforme destaca Marcelo Castro Domingos Silva:

> É interessante observar que a Governança não nasce, nem jamais estará pronta: as empresas aprendem e se aperfeiçoam constantemente, assim como o mercado. Vale aqui registrar ainda que, após qualquer crise, é previsível um salto positivo na GC, pois, sendo reforçada, funciona como antídoto para práticas ineficientes ou viciadas, surtindo efeitos benéficos às empresas.[62]

Justamente por força dessa característica de permanente adaptação, aliada aos seus preceitos basilares, que a governança surge como excelente oportunidade de mediar e solucionar conflitos corporativos e familiares, eis que em empresas/sociedades familiares esses elementos acabam por se relacionar.

Por sinal, segundo pesquisa realizada no Brasil pela Höft Consultoria[63], o conflito entre membros da família é causa de insucesso de 70% (setenta por cento) das sociedades familiares no país.

Com uma taxa de insucesso tão alta, é primordial que as sociedades adotem políticas que minimizem os conflitos ou mesmo os estragos que deles podem advir, sendo justamente esse o papel da governança, já que regras e procedimentos conhecidos, reforçados no próprio Protocolo Familiar, diminuem desconfianças e, por sua vez, desavenças.

---

[62] SILVA, Marcelo Castro Domingos. Governança corporativa: efeitos na gestão de riscos, acesso ao capital e valor da empresa. In: BOTREL, Sergio e BARBOSA, Henrique (Coords). **Finanças corporativas – Aspectos jurídicos e estratégicos**. São Paulo: Atlas, 2016, p. 252.

[63] BERNHOEFT, Renato. Choque de Cultura. **Revista Capital aberto**. Ano 8, n. 89, jan. – 2011.

2.3.1 Família *versus* propriedade e gestão

Como visto, o meio familiar é bastante propício a presenciar problemas de convivência, especialmente quando papeis e responsabilidades não são bem delineados no seio de uma sociedade familiar. Nesse cenário de disputas, os três círculos que circundam a sociedade familiar não se encontram justapostos, sendo que um prepondera sobre outro, de modo que o ideal é encontrar um equilíbrio. Sobre a sobreposição dos três elementos presentes na empresa familiar Angela Danagio e Alexandre Di Miceli esclarecem:

> A literatura sobre empresas familiares identifica 3 círculos de poder a serem considerados na análise desse tipo de empresa: círculo da família, da gestão e da propriedade (DAVIS et al. 1997). A influência das questões familiares na governança corporativa aparece quando há sobreposição de um círculo. Assim, os problemas podem surgir quando as mesmas pessoas têm que cumprir obrigações diferentes tanto na área familiar (como fundador ou herdeiro) quanto na da gestão (como administrador) ou da propriedade (como acionista). Essa sobreposição constitui potencial situação geradora de interesses conflitantes.[64]

Em adição, ao analisar esses elementos em conjunto numa empresa familiar John Davis destaca:

> Se você está em uma empresa familiar, precisa aprender os conceitos básicos de governança e aplicar as melhores práticas que existem na governança empresarial familiar. Mas, mesmo os líderes comerciais, não familiares, podem se beneficiar, considerando que os problemas de uma empresa familiar e de empresas não familiares são frequentemente os mesmos. Personalidades, paixões e poder, afinal, estão no cerne de qualquer empreendimento (Tradução da Autora).[65-66]

---

[64] SILVEIRA, Alexandre Di Miceli da; DONAGGIO, Angela Rita Franco. A importância dos Conselhos de Administração para as empresas familiares. In: PRADO, Roberta Nioac (Coord.). **Empresas familiares: governança corporativa, governança familiar, governança jurídica**. São Paulo: Saraiva, 2011. p. 123.

[65] DAVIS, John. Governing the Family-Run Business. Publicado em 04 set. 2001. Disponível em: http://hbswk.hbs.edu/item/governing-the-family-run-business. Acesso em: 14 jul. 2017.

[66] If you are in a family enterprise, you need to learn the basics of governance and apply the best practices that exist in family business governance. But even non-family business leaders

Em complemento ao acima descrito John Davis expõe:

Sem uma discussão sobre o assunto, conciliar as diversas preocupações das empresas familiares pode ser terrivelmente complicado. Frequentemente, as empresas familiares abordam as tensões com atitudes imediatistas e não adequadas, tais como:

• Exclusão e segredo – manter alguns membros da família ou sócios fora de conversas, bem como muitos segredos de funcionários, proprietários ou familiares.

• Dividir e conquistar – confiar no apoio de alguns aliados e excluir outros de informações e do processo de tomada de decisão.

• Contratação de familiares que não têm competência, pagar parentes mais do que merecem, distribuição de mais fundos da empresa do que é necessário para preservar a harmonia familiar ou manter o poder de certos indivíduos.

Essas formas de abordar questões sensíveis em empresas familiares podem proporcionar algum alívio de curto prazo, mas raramente resolvem problemas, estimulando-os ainda mais. A governança efetiva não elimina as tensões nos sistemas empresariais familiars. Mas, pode reduzir as tensões e melhorar a eficácia e a harmonia desses sistemas ao esclarecer as necessidades familiares e empresariais, defindo as estratégias necessárias para ajustar metas, valores e políticas (Tradução da Autora) [67-68].

---

can benefit from considering how the problems of a family enterprise and non-family business are often the same. Personalities, passions, and power, after all, are at the heart of any enterprise.

[67] DAVIS, John. Governing the Family-Run Business. Publicado em 04 set. 2001. Disponível em: http://hbswk.hbs.edu/item/governing-the-family-run-business. Acesso em: 14 jul. 2017.

[68] Without belaboring an oft-made point about family business, reconciling these diverse concerns can be terribly difficult. Too often, family firms employ dysfunctional and short-sighted approaches to handle tensions, such as:

• Exclusion and secrecy—keeping some family members or shareholders out of conversations and keeping too many secrets from employees, owners or family members.

• Divide and conquer—relying on the support of some allies and excluding others from information and decision making.

• Bribery—hiring relatives who do not deserve jobs, paying relatives more than they deserve, distributing more funds from the company than is responsible for the sake of preserving family harmony or maintaining certain individuals' power.

These methods of addressing business-family-ownership tensions can provide some short-term relief but rarely resolve issues and predictably intensify them. Effective governance

GOVERNANÇA E PLANEJAMENTO NAS EMPRESAS FAMILIARES

Como se pode perceber, empresa familiar é um meio favorável para conflitos e problemas, posto que a propriedade da sociedade, sua forma de condução e elementos de índole pessoal se misturam com maior facilidade, sendo necessário definir e esclarecer papéis para se evitar esse tipo de situação, sendo este também o papel do Pacto Familiar.

2.3.2 Medidas para amenizar conflitos

Como visto, a governança pode ser utilizada como elemento capaz de proporcionar um maior equilíbrio entre os três círculos presentes nas sociedades familiares. Para tanto, torna-se necessária a utilização de alguns mecanismos de ajustes.

Nesse contexto, pode-se elencar as seguintes medidas como eficazes, a título de governança, para amenizar conflitos:

(i) elaboração de um Protocolo Familiar: com diretrizes e regras comportamentais e de gestão sobre o destino e forma de organização da família e, via de consequência, da sociedade empresária, sendo que boa parte das sugestões a seguir estão atreladas à elaboração de tal contrato, que não conta com previsão específica na legislação, razão pela qual validade e eficácia demandam atenção especial ao ordenamento em vigor;

(ii) criação de um conselho familiar: onde devem ser discutidos assuntos de índole mais pessoal, sem prejuízo de que aspectos ligados à sociedade sejam deliberados para posterior apresentação aos administradores desta;

(iii) criação de um conselho de administração ou consultivo, este último, como fase de transição até que se estruture o conselho de administração, dessa feita com conselheiros independentes da família e da sociedade, capazes de auxiliarem no processo de tomada de decisão, principalmente quando houver discordâncias;

(iv) estruturação de um regimento interno do conselho de administração e da diretoria, identificando regras e requisitos para ocupação de qualquer desses cargos;

---

does not eliminate tensions in family enterprise systems. But it can reduce tensions and improve the effectiveness and harmony of these systems by clarifying family-business-ownership needs and managing the conversations needed to agree on goals, values, and policies.

(v) políticas de contratação com partes relacionadas, o que inibe conflito entre acionistas, familiares e fornecedores, evitando-se que os papeis de tais pessoas se confundam;

(vi) monitoramento das práticas, contratos e atuação da empresa a fim de assegurar que seus colaboradores e sócios possam atuar de acordo com estes princípios; e

(vii) definição prévia de mecanismos de sucessão empresarial, pois em tal fase os índices de perda de valor ou encerramento da atividade empresarial são elevados.

Portanto, são muitas as potencialidades e formas de auxílio da governança corporativa no cenário empresarial, sendo que diversos deles decorrem do Protocolo Familiar e dos efeitos societários dele decorrentes, notadamente regras sobre planejamento sucessório, consoante a seguir descrito.

2.4 Governança e planejamento sucessório: reflexos sobre o protocolo familiar e impactos societários

Conforme destacado acima, em pesquisa realizada pelo SEBRAE[69], as empresas familiares são responsáveis por uma gigantesca fatia do mercado empresarial brasileiro, sendo que:

> As características positivas da empresa familiar são em geral reconhecidas como as qualidades oriundas do empreendedor. As características negativas são consequência das dificuldades dos processos sucessórios e de transferência geracional do patrimônio e da gestão para futuras gerações.[70]

Da afirmação supra, nota-se, portanto, que um processo de sucessão empresarial conduzido de forma equivocada ou inexistente pode e provavelmente irá redundar em tumultos internos e familiares sobre quem deverá assumir as rédeas do negócio quando for necessário passar o bastão de uma geração à outra.

---

[69] SEBRAE, Folha de Londrina. **No Brasil, 90% das empresas são familiares.** Santa Catarina, 03 out. 2005. Disponível em: <http:/ www.sebrae-sc.com.br/newart/default. asp?materia=10410>. Acesso em: 20 ago. 2016.

[70] WERNER, René A. **A família & negócio: um caminho para o sucesso.** São Paulo: Manole, 2004, p. 9.

Inclusive, a troca abrupta, decorrente da ausência de planejamento, tende a destruir valor da empresa, bem como fomentar rusgas familiares.

Nessa linha, é extremamente relevante a preparação e organização da sociedade e da família para esse momento, também por meio do Protocolo Familiar, conforme esclarecem Renata Ferrara e Maria Fernanda Chammas:

> O olhar atento da primeira geração (a ser mantido pelas demais), o poder de antever que o tempo certamente trará conflitos e impasses, a preocupação em preparar a família para lidar com eles e fortalecer-se, a capacidade de identificar seus valores e ideais, de abrir-se para o novo, de ouvir e redescobrir-se são essenciais para o sucesso do negócio familiar.[71]

Com efeito, a utilização dos princípios básicos de governança, atrelados à predefinição de qualidades inerentes aos sucessores da sociedade proporcionam um processo sucessório mais sereno e menos brusco sobre a mudança de comando, sendo que isso impacta, também, sobre a sociedade, produzindo efeitos sobre esta.

Independentemente do tamanho, da geração e da estrutura que a sociedade (ou empresa quando se fala da atividade em si) possua, invariavelmente, ela precisa adotar práticas de governança com o fito de proporcionar sua perpetuidade, de forma a desenvolver mecanismos que proporcionem a separação de família, propriedade e gestão, tanto para fins de profissionalização, como estabelecimento de regras que permitam segregar a realidade familiar da empresarial, já antevendo, inclusive, processo sucessório.

2.4.1 Planejamento sucessório na empresa familiar

A governança deve ser analisada também em conjunto com o processo de planejamento sucessório familiar, haja vista que se concilia com este objetivo, pois proporciona a fixação de regras e estruturas de poder de forma antecipada, prevendo uma situação que é inevitável.

---

[71] FERRARA, Renata Silva e CHAMMAS, Maria Fernanda Vaiano S. **Reflexões sobre Protocolo Familiar.** In: PRADO, Roberta Nioac (Coord). **Empresas familiares: uma visão interdisciplinar.** São Paulo: Noeses, 2015, p. 252.

2.4.1.1 Conceito

Conceitualmente, planejamento sucessório na empresa familiar trata da percepção da primeira geração sobre a fase de passagem do bastão, isto é, quem irá ocupar o(s) papel(is) principal(is) de condução das atividades sociais, bem como quais são as características, vantagens e desvantagens dessa função.

Por sinal, Maria Berenice Dias, com bastante propriedade, expõe o seguinte sobre planejamento sucessório:

> O planejamento sucessório se preocupa exatamente com a determinação da sucessão imposta pela lei. É uma atividade estritamente preventiva com o objetivo de adotar procedimentos, ainda em vida do titular da herança, com relação ao destino de seus bens após sua morte. Com isso evita-se eventuais conflitos, cujos reflexos negativos podem recair sobre o patrimônio deixado.[72]

Portanto, trata-se de uma atuação conjunta da geração atualmente no poder e de quem futuramente assumirá as rédeas do negócio, compartilhando ideais e projetos, isso pensando no sucesso e prosperidade da empresa. Logo, como destacam Renata Ferrara e Maria Fernanda Chammas[73], trata-se do olhar atento da primeira geração para potenciais conflitos e impasses, de modo a se preparar a família empresária para lidar com isso.

Tal planejamento é um processo intenso de aprendizado e troca de informações e estratégias, tudo com vistas a perenizar a atividade empresarial, conforme destaca Gersick *et al.*:

> Os proprietários precisam formular a visão de uma futura estrutura de controle e decidir como dividir as ações em concordância com esta estrutura. Eles precisam desenvolver e treinar os sucessores em potencial para a gerência e montar um processo para a seleção dos líderes mais qualificados. Eles precisam superar qualquer resistência à entrega do poder que os mais velhos possam ter e ajudar a nova liderança a estabelecer sua autoridade

---

[72] DIAS, Maria Berenice. **Manual das sucessões**. 2. ed. São Paulo: Ed. RT, 2011. p. 382.
[73] FERRARA, Renata Silva e CHAMMAS, Maria Fernanda Vaiano S. **Reflexões sobre Protocolo Familiar**. In: PRADO, Roberta Nioac (Coord). **Empresas familiares: uma visão interdisciplinar**. São Paulo: Noeses, 2015, p. 252.

com vários interessados. E depois de planejar, formular estratégias e negociar, eles precisam estar preparados para lidar com contingências e negociar, que podem ameaçar esses planos em qualquer ponto do processo.[74]

Por outro lado, o planejamento sucessório, na mesma linha do Protocolo Familiar, não pode e não deve ser visto como uma receita padrão, sendo que se deve definir, para cada caso concreto, os planos e projetos a serem implementados para a realidade de cada empresa, bem como as regras e normas incidentes a fim de que atinja a validade e eficácia esperadas. Sobre o tema:

> Voltando a ele, o planejamento sucessório deságua em um projeto; resulta em um plano de atos e/ou negócios a ser executado como forma de garantir uma transição tranquila e efetiva de poder e do comando da empresa. É inequívoco que deva haver, acima de tudo, preparação, tanto de comandantes quanto de seus sucessores, a fim de que a transição seja bem-sucedida.[75]

Assim, o planejamento trata de um processo de autoconhecimento da sociedade/empresa e seu dirigente, de modo que a geração seguinte possa compreender os meandros da atividade desenvolvida, bem como melhorar as práticas que permitiram anteriormente o sucesso da atividade empresarial, adequando-as à realidade contemporânea.

2.4.1.2 Importância e efeitos

A estruturação e organização sucessórias gozam de uma importância significativa, uma vez que inibem falhas e perdas de valor ao longo de processos sucessórios mal formulados ou inexistentes, em que os herdeiros iniciam uma briga pelo poder, sendo o maior prejudicado a própria empresa.

A identificação de meios para mitigar ou mesmo evitar conflitos societários, permitindo a manutenção da atividade empresária, e as con-

---

[74] GERSICK, Kelin *et al.* **De geração para geração:** ciclos da vida das empresas familiares. São Paulo: Negócios, 1997, p. 195.

[75] KIGNEL, Luiz e PHEBO, Marcia Setti. **O dilema das gerações: (i) quem faz parte do núcleo familiar; o dilema da transferência de comando nas empresas.** In: PRADO, Roberta Nioac (Coord). **Empresas familiares: uma visão interdisciplinar.** São Paulo: Noeses, 2015, p. 61.

sequências positivas daí advindas para a economia do país, são de extrema relevância, dados os desastrosos efeitos que a ausência desse procedimento pode ocasionar, conforme destaca Ana Cláudia Redecker:

> Vê-se, pois, um relevante obstáculo para as empresas familiares no que tange à continuidade do negócio, quando da transição de controle entre as gerações da família. O processo de sucessão é uma das fases mais delicadas na vida de uma empresa familiar e, se não for adequadamente conduzido, pode comprometer a sobrevivência do negócio.[76]

Nesse cenário, o Protocolo Familiar, pode e deve ser utilizado como ferramenta capaz de auxiliar em tão importante fase das empresas/ /sociedades, servindo como verdadeiro mecanismo de implementação das estratégias e políticas a serem adotadas no momento da sucessão, evitando choques culturais decorrentes da alteração na forma de gestão de uma geração para outra.

Logo, a importância do planejamento decorre da racionalização do processo de sucessão, bem como da união de esforços e estratégias das gerações passadas, atuais e futuras, de modo que a comunhão de objetivos permita a continuidade da empresa. Em caráter exemplificativo, a respeito da importância do planejamento sucessório, Tomas Carvalho e Leandro Paz destacam:

> Ademais, no que concernem às quotas ou ações de organizações empresárias, o referido planejamento possibilita ainda:
> a) regular formas de alienação de participações societárias entre os sócios;
> b) definir procedimento a ser adotado no caso de morte;
> c) definir procedimento de entrada de novos herdeiros no conselho de administração ou na gestão executiva;
> d) resguardar os interesses das sociedades operacionais, segregando-se os demais problemas familiares ou pessoais.[77]

---

[76] REDECKER, Ana Cláudia. A holding familiar como instrumento da efetivação do planejamento sucessório. **Revista Jurídica**, n. 447, p. 45-92, jan. 2015.

[77] CARVALHO, Tomás Lima de Carvalho; e PAZ, Leandro Alves. A utilização estratégica do planejamento jurídico na organização e gestão do patrimônio familiar. **Revista de Direito Empresarial**, vol. 11/2015, p. 95 – 123, set. – out. 2015.

Por seu turno, os efeitos decorrentes do planejamento sucessório são vislumbrados na longevidade das empresas que se programam e preparam para esse procedimento, bem como em algumas mudanças das regras societárias.

Nessa linha, o planejamento sucessório deve integrar, até mesmo, o planejamento estratégico da empresa, uma vez que o mesmo perpassa, segundo Porter[78], pela posição e perspectiva, logo, onde a empresa se encontra hoje e para onde pretender ir são elementos indispensáveis a serem considerados na rotina da atividade empresarial.

Inclusive, é pertinente, a depender da fase de desenvolvimento em que se encontra inserida a empresa, segregar o planejamento das empresas operacionais, que efetivamente desenvolvem atividades no dia a dia, daquelas de mera participação, como é o caso da *holding*. Isso também para fins de estruturação do Protocolo Familiar e dos impactos societários que dele advém.

A *holding*, portanto, tem a função de canalizar as participações sociais da família na sociedade, uma vez que os familiares passarão a deter participações sociais da *holding* e esta, por sua, vez, irá controlar a atividade empresarial. Acerca das características da *holding*, destaca Cristiane Gomes Ferreira:

> Em suma, são características da holding familiar: (a) com ela administra-se patrimônio próprio ou da família; (b) pode ser manter a administração sob o controle do fundador; (c) seu capital social é integralizado por meio da incorporação de bens móveis, imóveis, dinheiro e outros direitos. Todos estes ativos são transferidos dos sócios para a holding; (d) a sociedade passa a auferir as rendas decorrentes dos ativos transferidos; (e) a sociedade não deve participar de atividades de risco.[79]

Em adição, Samantha Moreira e Wagner Miranda registram o seguinte no tangente à *holding* familiar:

> A holding familiar é uma sociedade que detém participações societárias em outra ou de outras sociedades, ou seja, centraliza a administração das diver-

---

[78] PORTER, Michael E. **Vantagem competitiva: criando e sustentando um desempenho superior**. Rio de Janeiro: Campus, 1989.

[79] FERREIRA, Cristiane Gomes. A holding patrimonial familiar e seus incentivos: uma análise juseconomica. **Revista Síntese: direito de família**, p. 21-40, abr./maio 2016.

sas sociedades e unidades produtivas, definindo parâmetros, estabelecendo finalidades ou autorizando adoção de procedimentos alternativos nessa ou naquela unidade, entre tantas outras possibilidades vantajosas.[80]

Nesse contexto, a *holding* permite um melhor controle e organização das sociedades familiares, incluindo processo sucessório, de modo que cria mais uma proteção e estágio entre os familiares, pessoas naturais, e a sociedade que desempenha atividade operacional.

Acerca deste papel da *holding* expõem Fabio Pereira da Silva e Alexandre Alves Rossi:

> Por sua vez, na holding familiar, embora esses objetivos sejam descartados, a intenção se fundamenta para garantir a manutenção do patrimônio conquistado por seus membros, incluindo o sucesso de eventuais empresas pertencentes à família, perpassando a geração atual.
>
> Para tanto, o planejamento societário é indispensável, por isso convém optar por um tipo que supra as necessidades e os objetivos familiares, visando ao sucesso da estratégia empresarial, especialmente quando envolve questões relativas ao controle societário.[81]

Portanto, o fato de a *holding* deter a maioria do capital social e não as pessoas naturais da família, diretamente, cria uma proteção na sociedade operacional acerca dos efeitos que problemas familiares podem gerar na condução dos negócios sociais, auxiliando o próprio Pacto Familiar nessa empreitada. Acerca desse viés de contenção de conflitos entende Ana Cláudia Redecker:

> Desta forma, a holding opera como um mecanismo de contenção de conflitos familiares. Ou seja, como um sistema que permite que as brigas familia-

---

[80] MOREIRA, Samantha Caroline Ferreira e MIRANDA, Wagner Camilo. A empresa familiar e sua preservação no contexto da crise econômica brasileira. **Crise Econômica e Soluções Jurídicas**, n. 12, p. 1-6, nov. 2015. Disponível em: < http://revistadostribunais.com.br/maf/app/resultList/document?&src=rl&srguid=i0ad6adc50000015dfadf61f9b42d19d7&docguid=I3dd4b1908ecc11e59da4010000000000&hitguid=I3dd4b1908ecc11e59da4010000000000&spos=1&epos=1&td=301&context=10&crumb-action=append&crumb-label=Documento&isDocFG=true&isFromMultiSumm=true&startChunk=1&endChunk=1>. Acesso em: 05 mar. 2017.

[81] SILVA, PEREIRA Fabio e ROSSI, Alexandre Alves. **Holding Familiar.** São Paulo: Trevisan, 2015, p. 16.

res ocorram dentro da própria família, sem contaminar a gestão das sociedades operacionais.[82]

Sob a perspectiva sucessória Fabio Pereira da Silva e Alexandre Alves Rossi esclarecem o seguinte a respeito da *holding*:

> O planejamento sucessório é um dos pilares que envolvem a constituição de uma holding familiar por possibilitar a organização prévia e cuidadosa da transferência do patrimônio aos herdeiros e, especialmente, proporcionar uma sucessão eficaz na condução dos negócios de eventual empresa que integre o conjunto de bens, reservando aos patriarcas a responsabilidade de determinar em vida o destino de seu patrimônio.[83]

Portanto, a *holding*, além de organizar participação social, deve estar permeada pela engenharia sucessória que toda e qualquer sociedade familiar deve passar para evitar perda de valor na troca de gerações, isso tudo organizado por meio de um Protocolo Familiar, que, necessariamente, deve influenciar a sociedade e sua forma de atuação, sem perder de vista os limites de validade e eficácia de tal Pacto.

---

[82] REDECKER, Ana Cláudia. A holding familiar como instrumento da efetivação do planejamento sucessório. **Revista Jurídica**, Ano 63, n. 447, jan. 2015, p. 66.

[83] SILVA, PEREIRA Fabio e ROSSI, Alexandre Alves. **Holding Familiar.** São Paulo: Trevisan, 2015, p. 81.

3. Protocolo familiar

Conforme declinado anteriormente, a sociedade familiar possui características e idiossincrasias que a dissociam e dão um caráter especial em relação às demais sociedades, haja visto a proximidade de aspectos pessoais dos profissionais, razão pela qual planejamento e governança ganham contornos de destaque.

Nesse contexto, o Protocolo Familiar surge como elemento de implementação e organização desses preceitos, o que significa dizer que é um alicerce da família com claras e contundentes repercussões sobre seu patrimônio, onde a sociedade encontra-se inserida.

Isto é, tal Protocolo visa estabelecer uma linha e forma de comunicação capazes de proporcionar um melhor dimensionamento dos anseios familiares, equalizando-os, de sorte a diminuir eventuais pontos de tensão dentro da família, integrando, inclusive, o próprio plano estratégico da empresa. Isso porque proporciona a estruturação da missão e valores familiares, distinguindo assuntos de família dos empresariais, reforçando a necessidade de profissionalização das empresas familiares.

Ademais, o Protocolo Familiar, junto com acordo de sócios, criação de conselhos, criação de Conselhos Familiar e de Administração são uma forma de se efetivar esse processo de profissionalização, essencial para o sucesso familiar, conforme aponta Pesquisa da PwC realizada em 2016[84].

---

[84] Pesquisa Global sobre Empresas Familiares 2016. São Paulo, 2016. Disponível em: www.pwc.com.br/pt/setores-de-atividade/empresas-familiares/2017/tl_pgef_17.pdf. Acesso em 12 jan. 2018.

Por sinal, empresas familiares profissionalizadas tendem a ser mais valorizadas, tendo em vista a criação de processos e mecanismos internos de controle, que lhe agregam valor.

Além disso, o Pacto traz em si aspectos ligados ao plano sucessório, ou seja, transição de gerações, que é uma zona de ruptura das empresas familiares, razão pela qual merecem especial atenção, dada a sensibilidade do tema.

Tendo essas premissas em mente, é imprescindível analisar a natureza jurídica, restrições legais e impactos societários decorrentes do Protocolo Familiar, de forma a se ter uma devida estruturação e organização deste documento do ponto de vista de propriedade e gestão para, com isso, garantir a manutenção da atividade empresarial.

Nessa ordem de ideias, é essencial compreender o que é, quais os objetivos e os elementos primordiais do Protocolo Familiar, sem prejuízo de esclarecer que sua aplicação se dá em cada caso concreto, nos limites da lei e do tipo de sociedade eleito para exercício da atividade empresarial.

3.1 Definição

A sociedade familiar, necessariamente, está estribada em três conceitos fundamentais (família, propriedade e gestão), que devem ser diferenciados e analisados de acordo com o momento empresarial, dadas as particularidades e fases que cada sociedade enfrenta.

De toda sorte, como forma de organizar essas facetas surge o Pacto Familiar, isto é, documento assinando pelos membros da família empreendedora, que reúne normas e códigos de conduta a serem seguidos no direcionamento da família e, via oblíqua, nos negócios sociais, regrando, separando e colocando limites na relação entre a família e a sociedade.

Ao conceituar Protocolo Familiar, Marcelo Andrade Feres destaca: "Trata-se de documento consolidado a partir da análise da empresa e da família, e cujo objetivo é estabilizar relações e expectativas entre ambas"[85].

---

[85] FERES, Marcelo Andrade. Protocolo ou pacto de família: a estabilização das relações e expectativas na empresa familiar. In: COELHO, Fabio Ulhoa; FÉRES, Marcelo Andrade (Coord.). **Empresa familiar: estudos jurídicos**. São Paulo: Saraiva, 2014, p. 334.

Acerca das diretrizes e orientações do Protocolo Familiar, delimitam Renato Ferrara e Maria Fernanda Chammas:

> Como forma de simplificar o conceito, sem torná-lo menos importante, protocolo familiar é o instrumento que reúne diretrizes familiares, éticas e morais que devem orientar a família na tomada de decisões, em outras palavras, tudo quanto não é matéria típica de acordo societário com força coativa.[86]

Pelo conceito acima, nota-se que, diferentemente do acordo de sócios, que regula aspectos essenciais atinentes à gestão da sociedade, à relação societária e as consequências daí advindas, o Protocolo Familiar é mais abrangente, trazendo regras e normas de conduta que, a despeito de se destinarem à família, definindo seu relacionamento, acabam por repercutir sobre a propriedade desta, onde a sociedade encontra-se inserida.

De toda forma, vale destrinchar e ponderar a afirmação acima realizada por Renata Ferrara e Maria Fernanda Chammas no sentido de que o que não é matéria típica de acordo societário com força coativa é abordado no âmbito do Protocolo Familiar, eis que, não necessariamente o que não tem força coativa, especialmente em face de terceiros e da sociedade, pode ser objeto de tal Protocolo, pois mesmo assim vincula os signatários do acordo.

Por sinal, o acordo de sócios, dependendo da composição do capital da sociedade e de quem são seus sócios, pode envolver personagens que nem sempre são da mesma família, ou seja, sua esfera de atuação transborda a do Protocolo Familiar, porquanto vincula a própria sociedade diretamente.

No ponto, é pertinente lembrar dos limites do acordo de sócios na legislação brasileira, mormente acordo de quotistas, que não tem previsão específica no Código Civil, valendo-se da aplicação subsidiária do art. 118 da Lei n. 6.404/76. Porém, antes mesmo de destacar o alcance do art. 118, LSA, convém registrar que o acordo de sócios, para fugir do princípio da relatividade contratual e alcançar terceiros, incluindo a sociedade, precisa seguir procedimentos prévios.

---

[86] FERRARA, Renata Silva e CHAMMAS, Maria Fernanda Vaiano S. **Reflexões sobre Protocolo Familiar.** In: PRADO, Roberta Nioac (Coord). **Empresas familiares: uma visão interdisciplinar.** São Paulo: Noeses, 2015, p. 248.

Quanto ao acordo de acionistas, a depender das obrigações estipuladas (configurando-se como de comando, bloqueio ou defesa) precisa estar averbado no livro de registro de ações, bem como ter sido arquivado na sociedade. Já no tocante ao acordo de quotistas, para ganhar a mesma amplitude de vinculação do acordo de acionistas, necessita observar alguns procedimentos adicionais.

De toda sorte, independentemente do tipo societário eleito (Ltda. ou S.A.), o que o art. 118, LSA, determina como matéria típica de acordo de acionistas é a seguinte: "Art. 118. Os acordos de acionistas, sobre a compra e venda de suas ações, preferência para adquiri-las, exercício do direito a voto, ou do poder de controle deverão ser observados pela companhia quando arquivados na sua sede".

Portanto, matérias que não se refiram a compra e venda de ações, direito de preferência ou primeira oferta, exercício do direito de voto e poder de controle não se enquadram como típicas e, por força disso, não vinculam, obrigatoriamente, a sociedade e terceiros. Desse modo, pelo raciocínio de Renata Ferrara e Maria Fernanda Chammas, acima desenvolvido, matérias que fujam a estes temas já devem ser abordadas pelo Protocolo Familiar.

Todavia, discordamos dessa compreensão pelo fato de que outras matérias, mesmo que não tenham força cogente contra terceiros e sociedade por não serem típicas do acordo de sócios, podem e devem continuar sendo reguladas no âmbito desse ajuste, como, por exemplo, garantias adicionais (além dos termos da lei) ao direito de fiscalização, composição e funcionamento dos órgãos de administração, normas para condução do negócio (plano de ação e orçamento) etc.

Isso porque são questões mais relacionadas à gestão em si da atividade empresarial, devendo ser mantidas no âmbito do acordo de sócios, documento que se destina a regrar a relação entre sócios e sociedade, sem prejuízo de que diretrizes gerais sejam fixadas no Protocolo Familiar, mesmo porque assim se reforça a obrigação da família seguir essas regras.

Em adição, vale lembrar que a sociedade familiar pode contar com sócios que não guardam nenhum grau de parentesco, logo, não são signatários do Pacto Familiar, de sorte que só são albergados por meio de acordo de sócios. Destarte, acordo de sócios e Protocolo Familiar acabam por se complementar, mas cada um nos seus limites e objetivos de atuação.

Por outro lado, formas de ingerência e atuação da família na sociedade, como regras para ocupação de cargos, criação de conselho familiar, formas de acesso à informação societária por parentes, devem ser definidas no Protocolo Familiar, o que não inibe que sejam reprisadas no acordo de sócios, como forma de ratificação e vinculação de terceiros, fato, inclusive, que alcança eventuais quotistas/acionistas que não são da família, garantindo a esperada eficácia de tal Pacto.

Nesse sentido, entende-se que o Protocolo Familiar complementa o acordo de sócios, pois este se destina a regular a gestão, ao passo que o Protocolo Familiar visa estabelecer regras e diretrizes para a família, mas ambos os documentos também repercutem sobre a propriedade. Portanto, o Protocolo é um documento de caráter cogente aos membros da família, assinado nos limites da autonomia de vontade e de acordo com o princípio da boa-fé objetiva.

3.2 Natureza jurídica

Como visto, o Protocolo Familiar trata-se de um negócio jurídico[87], sob a modalidade de contrato, devendo, para tanto, observar os princípios ínsitos a este instituto, vale dizer: autonomia de vontade, função social, supremacia da ordem pública, equivalência de prestações, obrigatoriedade de cumprimento e boa-fé.

Portanto, na elaboração de tal documento é importante não se olvidar desses preceitos basilares, pois o seu descumprimento pode ensejar vícios que levam à invalidade do Pacto, que, a despeito de não contar com previsão legal e forma específica, deve atentar-se aos limites da legalidade, isto é, princípios gerais aplicados aos negócios jurídicos.

Assim, vale o alerta de Marcelo Feres:

> Com efeito, o protocolo tem forma e conteúdo livres, cabendo às partes, por meio de consenso, a sua elaboração. Nessa moldura de ampla autonomia, ele terá ou não eficácia jurídica imediata, conforme os conteúdos nele estipulados.[88]

---

[87] Relação jurídica capaz de criar, modificar ou extinguir direitos e obrigações.

[88] FERES, Marcelo Andrade. Protocolo ou pacto de família: a estabilização das relações e expectativas na empresa familiar. In: COELHO, Fabio Ulhoa; FÉRES, Marcelo Andrade (Coord.). **Empresa familiar: estudos jurídicos**. São Paulo: Saraiva, 2014, p. 340.

Nota-se, portanto, que o Protocolo é um contrato atípico, isto é, não encontra previsão específica no ordenamento vigente, de sorte que segue as regras gerais fixadas pelo CC, o que significa dizer que deve atentar-se aos comandos de existência, validade e eficácia.

Em termos de existência, basta uma manifestação de vontade exarada por uma ou mais partes a fim de que o negócio seja considerado existente. Por sua vez, para que se tenha a validade, necessário observar as diretrizes genéricas do art. 104 do Código Civil, isto é, agente capaz, objeto lícito, determinado ou determinável e forma prescrita ou não defesa em lei.

Logo, os familiares que se comprometem por meio do referido Pacto devem possuir capacidade para tanto, ou, em sendo o caso, estarem devidamente representados ou assistidos, de sorte a imputarem e terem impostas contra si obrigações. Da mesma forma, ajustes de conteúdo devem ser realizados por meio de aditivos contratuais, já que a sociedade é mutável e o Pacto deve acompanhar a evolução da realidade social.

No que se refere ao objeto, necessário que seja lícito, o que exige do intérprete uma compreensão de normas de diferentes cunhos, já que a matéria envolve Direito de família, sucessão, societário e regulatório, conquanto possui contundentes implicações sobre a sociedade.

A questão do direito regulatório torna-se mais contundente e palpável quando se analisam companhias familiares listadas em Bolsa de Valores ou possuem títulos negociados no mercado de capitais, já que se submetem a uma série de regramentos exarados pela Comissão de Valores Mobiliários (CVM) e do mercado onde se encontram listadas.

Nota-se, portanto, uma grande interdisciplinaridade de matérias a serem consideradas ao tempo da elaboração de tal documento, sob pena de se esvaziar o objetivo do Protocolo, que é regular e organizar os bens da família.

No que toca à forma do Protocolo, como dito, a lei não define nenhuma específica, já que o ordenamento vigente no Brasil padece de omissão. Todavia, a questão também é sensível, pois, a despeito de concretas implicações sobre a sociedade empresária, resguarda questões íntimas da família e sua organização, de modo que o limite entre o público (no sentido de vinculação e divulgação a terceiros) e o privado é tênue e demanda atenção.

Eis, portanto, mais uma razão para se entender bem o anseio da família a ser retratado em tal documento, de forma que os documentos societários sejam um espelho disso, proporcionando a divulgação e vinculação a terceiros do que é ou deve ser de amplo conhecimento.

Lado outro, para fins de classificação, o Protocolo Familiar enquadra-se como contrato:

(i) bilateral/plurilateral: pois presentes duas ou mais declarações de vontade, que criam, modificam ou extinguem obrigações, de sorte a imputar deveres para ambos os lados;

(ii) oneroso: como consequência da bilateralidade, define obrigações recíprocas para as partes signatárias;

(iii) comutativo: encerra obrigações conhecidas e previamente pactuadas no documento firmado; e

(iv) personalíssimo: levam em consideração características essenciais de seu signatário, notadamente o vínculo familiar.

No que toca ao prazo de duração, recomenda-se a elaboração por prazo determinado renovável, isso para se evitar alegação de que por ser de prazo indeterminado admite denúncia a qualquer tempo, eis que não podem existir obrigações eternas.

Da mesma forma, é importante que seja firmado em caráter irrevogável e irretratável, vedando-se o arrependimento. Isso porque fixa previsões futuras no tangente à sociedade, o que permite, posteriormente, obrigar o sócio/familiar a cumprir com o que pactuou, caso mostre resistência, não obstante ser importante que algumas previsões sejam refletidas em documentos societários (atos constitutivos, acordo de sócios, códigos e regimentos internos), principalmente para alcançar efetividade.

Definidas estas questões, necessário adentrar aos objetivos e objetos a serem regulados por tal Pacto, pois daí se infere o que o direito societário, em suplementação ao familiar e sucessório, deverá resguardar e regular a fim de garantir a continuidade da sociedade empresária familiar, bem como a própria eficácia do Pacto.

3.3 Objetivo

Considerando que o Protocolo Familiar tenciona definir, principalmente, matérias atinentes à família e, via de consequência, propriedade, sem prejuízo de impactar na condução da sociedade, seu objetivo é estabelecer regras que atinjam as relações familiares e, por conseguinte, participações societárias, sendo esta última a preocupação do presente trabalho, isto é, quais as implicações das previsões estabelecidas no documento formulado sobre a atividade empresarial, bem como os limites de validade e o nível de eficácia de tal Pacto.

Ou seja, qual o limite da legalidade de tal Pacto? Quais os cuidados necessários ao tempo da elaboração de tal documento?

Portanto, o Pacto visa, dentre outras questões, regular a forma de funcionamento da família, sua missão e valores, em relação à sociedade e os frutos dela advindos, estabelecendo, inclusive, o foro adequado para discussões de problemas e soluções, como a criação de um conselho familiar, por exemplo; reunião que se destina a definir assuntos familiares e também empresariais, mas sem as amarras formais de um conselho de administração ou reunião de diretoria ou mesmo assembleia de sócios. Não obstante, é importante que o Pacto também verse sobre um Plano de Sucessão, já que uma de suas funções é também proporcionar longevidade à atividade empresarial.

Como é cediço, a sociedade familiar está exposta a mais pontos de tensão e pressão que uma empresa estritamente corporativa, tendo em vista a interpenetração entre aspectos familiares e empresariais.

Justamente por ter essas características como ínsitas ao processo empresarial, que estas sociedades possuem defasagens de entendimento no tocante à comunicação, credibilidade e troca de gerações, de sorte que o Pacto Familiar pode atuar nesses pontos fracos.

Nessa linha, o Protocolo, ao predefinir regras e procedimentos, acaba por criar estruturas para que haja uma conciliação de interesses e ratificação de valores, aplacando, com isso, os efeitos de rusgas ou problemas familiares. Acerca desse viés do Protocolo Familiar, esclarece Camila Elito:

> Para que esses conflitos sejam minimizados, entendemos que é essencial a definição clara dos objetivos da família empresária com relação ao seu negócio, o estabelecimento de políticas relativas a investimento e distribuição de lucros, a criação de mercado interno para venda de participações societárias, possibilitando a saída da empresa dos que divergirem das políticas predeterminadas e dos demais sócios, e, principalmente, a boa comunicação

entre os membros da família, que poderá ser alcançada através da adoção de estruturas de governança familiar.[89]

Destarte, o Protocolo Familiar funciona como mecanismo para minimizar conflitos de agência[90], que acabam gerando custos de transação[91] adicionais e com isso impactam na rotina e objetivo de toda e qualquer sociedade, qual seja, o lucro. Logo, objetiva-se com este documento obter um instrumento de pacificação familiar e, via de consequência, societária, reduzindo conflitos ou criando formas de solucioná-los com o menor emprego de custos e tempo possível, criando-se o que Cláudia Tondo[92] chama de cultura do consenso.

Entretanto, é importante compreender este Pacto no cenário jurídico brasileiro, em que inexiste uma regra específica, de sorte que compete àquele que irá elaborar o documento realizar verdadeiro malabarismo entre o desejo expresso pela família e os limites legais, para alcançar a desejada eficácia.

Por fim, convém destacar que o Protocolo Familiar não se constitui numa fórmula única, aplicável a toda e qualquer empresa/sociedade familiar de forma indistinta, pois em cada caso devem ser levados em consideração a fase empresarial, consoante estabelece Gersick *et al.*[93], o que significa que cada sociedade possui particularidades que alteram as

---

[89] Elito, Camila Acayaba. **A importância do acordo familiar na comunicação nas empresas familiares: uma visão de governança.** 2014. 153 f. Monografia (L.L.M. Direito Societário) – Insper Instituto de Ensino e Pesquisa, São Paulo, 2014.

[90] Conflitos de agência são aqueles oriundos da relação entre executivos (administradores) e os sócios, em que estes últimos esperam que aquele aja de determinada maneira, mas nem sempre isso ocorre, dada a incompletude da relação contratual, isto é, impossibilidade de definição prévia decorrente de todas as relações contratuais formuladas. Assim, surge um confronto de interesses, capaz, portanto, de repercutir sobre a sociedade.

[91] "Custos de transação são aqueles custos em que se incorre que, de alguma forma, oneram a operação, mesmo quando não representados por dispêndios financeiros feitos pelos agentes, mas que decorrem do conjunto de medidas tomadas para realizar uma transação" – Sztajn, Rachel. Externalidades e custos de transação: a redistribuição de direitos no novo Código Civil. **Revista de Direito Mercantil, Industrial, Econômico e Financeiro** – n. 133, p. 7-31, Jan. 2004.

[92] Tondo, Cláudia (Org.). **Protocolos familiares e acordo de acionistas: ferramentas para a continuidade da empresa.** Porto Alegre: Sulina, 2009, p. 127.

[93] Gersick, Kelin *et al.* **De geração para geração: ciclos da vida das empresas familiares.** São Paulo: Negócios, 1997.

cláusulas e disposições de tal Pacto, bem como passa por um dado momento no seu grau de evolução, de acordo com a Teoria do Desenvolvimento Tridimensional, anteriormente mencionada, fato que exige a constante revisão e atualização desse Documento.

De toda sorte, existem aspectos e previsões que são mais amplamente utilizados, independentemente de sua adaptação a cada caso concreto, constituindo tábula rasa, os quais serão a seguir abordados.

3.4 Elementos essenciais

Considerando a distinção nodal de temas pertinentes ao acordo de sócios e outros que devem ser tratados no Protocolo Familiar, não obstante em alguns casos haver coincidência do assunto retratado, mudando apenas as cláusulas pertinentes, especialmente visando dar eficácia ao Pacto Familiar, convém destacar quais são os aspectos primordiais que devem ser mencionados, especialmente com vistas a formatar uma organização social já preparada para a sucessão empresarial.

Inclusive porque, o Protocolo Familiar também traça diretrizes para a fase de se passar o bastão, ou seja, quando se muda a geração que está no controle, sendo que, como visto, regras pré-definidas diminuem, e muito, os problemas inerentes a essa fase.

Note-se que, conforme ressaltado no Capítulo anterior, a governança mostra-se imprescindível no sucesso e efetivação do Protocolo Familiar e aspectos societários daí decorrentes, razão pela qual foram destrinchadas anteriormente as diferentes facetas da governança familiar, jurídica e corporativa, cada uma aplicada a um viés da inter-relação entre família, propriedade e gestão. Agora, cabe, portanto, estabelecer em que medida os conceitos anteriormente vistos se comunicam.

3.4.1 Regulação de família e propriedade

O Protocolo Familiar age, essencialmente, sobre os pilares da família e propriedade, reforçando a necessidade de uma governança familiar e jurídica, aliada à corporativa, esta última aplicada mais diretamente à gestão da sociedade.

Portanto, regula-se a propriedade quando se estabelecem diretrizes e formas de participação no capital social, bem como meios de se desvencilhar dessa relação societária, limitando-se a livre alienação e circulação de participações societárias, por exemplo, eis que podem sempre ficar na mão de familiares, caso essa seja a opção eleita pelos seus membros, isto é, controle da família.

Da mesma forma, a propriedade passa a ser regulada quando se definem mecanismos de distribuição de dividendos, exercício do direito de voto, direito de fiscalização, pois são ferramentas que limitam e regram o exercício da propriedade, estando intimamente relacionadas à possibilidade de usar, gozar, fruir e dispor da participação social, conforme destaca o art. 1.228, CC: "O proprietário tem a faculdade de usar, gozar e dispor da coisa, e o direito de reavê-la do poder de quem quer que injustamente a possua ou detenha".

Nesse particular, é importante ter em mente que propriedade, sob o ponto de vista da governança corporativa, está relacionada ao conceito que a própria lei lhe atribui, sendo exatamente nos elementos inerentes a ela (usar, gozar e dispor) que o Protocolo acaba influenciando a sociedade, já que as diretrizes se dão sobre a participação social, que acaba por repercutir na condução dos negócios. O que reforça a necessidade de conhecimento do interesse da família e, por sua vez, as limitações legais para que isso ocorra e o Protocolo cumpra o seu papel.

A questão familiar é regulada por meio de orientações e dimensionamentos dos assuntos fundamentais à família, sua organização, bens e gastos, de sorte que essas questões passam a ter forma e foro para serem tratadas; razão pela qual a figura dos conselhos, tanto de administração, sob o ponto de vista da gestão, como o familiar, ganha grande importância nesse processo.

Nesse diapasão, em sociedades familiares não apenas o conselho de administração mostra-se como de importância singular, mas também o conselho de família, sendo que abaixo de ambos, sem poder deliberativo, podem existir comitês aptos a garantir apoio nas decisões que serão tomadas.

Nesse norte, em um ambiente menos protocolar, mas com a mesma seriedade que as assembleias e reuniões realizadas no âmbito da sociedade, a família, perante o conselho para ela criado, decide seu posicionamento empresarial, sem prejuízo de tratar de outros assuntos de índole pessoal. Tal reunião, *a priori*, limita desgastes e divergências de entendimentos a este conselho familiar, sendo o posicionamento da família apresentado de modo uniforme à sociedade e seus dirigentes, evitando-se, assim, o típico conflito societário que engessa e impede a tomada de decisões, eis que a questão já foi previamente debatida e analisada em seus pormenores no foro adequado.

Justamente para proporcionar essa divisão de papeis e foros que o Instituto Brasileiro de Governança Corporativa (Código das Melhores Práticas de Governança Corporativa – 5ª edição) propõe:

a) Criação do Conselho de Família: Organizações de controle familiar devem considerar a criação de um conselho de família, grupo formado para discussão de assuntos familiares e alinhamento das expectativas dos seus componentes em relação à organização; e

b) Conselho de Administração: Toda organização deve considerar a implementação de um conselho de administração. O conselho deve sempre decidir em favor do melhor interesse da organização como um todo, independentemente das partes que indicaram ou elegeram seus membros. Ele deve exercer suas atribuições considerando o objeto social da organização, sua viabilidade no longo prazo e os impactos decorrentes de suas atividades, produtos e serviços na sociedade e em suas partes interessadas (externalidades).[94]

Em caráter complementar, Gersick *et al.* delimita:

4 razões importantes para se ter um conselho de família: cenário ideal para educar os membros da família sobre direitos e responsabilidades advindos da propriedade de uma empresa e sua gerencia; ajuda a esclarecer limites entre família e empresa; e da aos membros que não estão no círculo da empresa ou da propriedade a oportunidade de serem ouvidos; cenário adequado para discussão sem tumultuar encontros familiares; e conselho ajuda a criar um plano familiar[95].

Diante disso, observa-se que o Protocolo Familiar também deve regular o conselho de família, mas, o objetivo maior é fixar regras que

---

[94] IBGC – Instituto Brasileiro de Governança Corporativa. **Código das melhores práticas de governança corporativa**. 5ª. ed. São Paulo: IBGC, 2015, 108 p. Disponível em: <http://www.ibgc.org.br/userfiles/2014/files/codigoMP_5edicao_web.pdf> Acesso em: 12 ago. 2017.

[95] GERSICK, Kelin *et al.* **De geração para geração: ciclos da vida das empresas familiares**. São Paulo: Negócios, 1997.

recairão sobre o relacionamento familiar e empresarial, servindo como contraponto entre família e propriedade, já que deve albergar, dentre outros assuntos, as seguintes situações: sócio, que trabalha na sociedade e faz parte da família, sócio que faz parte da família e não trabalha na sociedade, familiar que trabalha na sociedade, mas não é sócio.

Estas são, em síntese, as três hipóteses que tangenciam o relacionamento entre família e propriedade e que devem ser regulamentados no Protocolo, sendo que para tanto indica-se a seguir, dentre outras cláusulas, algumas que visam equalizar essa relação.

Por fim, ressalva-se que entendemos que os signatários do Protocolo restringem-se ao âmbito familiar, porém, considerando a repercussão do acordado sobre terceiros, no caso sociedade, é indispensável dimensionar os efeitos que tais cláusulas terão sobre eventuais sócios que não compõem a família, garantindo a aplicação do que restou pactuado.

Igualmente, imperioso observar os limites de uma cláusula de confidencialidade nesse tipo de documento, caso precise alcançar sócios que não sejam da família, notadamente quando firmado no âmbito de sociedades com valores mobiliários negociados. Essas problemáticas serão exploradas a seguir.

3.4.2 Principais previsões

O Protocolo ou Pacto Familiar busca equacionar aspectos familiares e, via de consequência, empresariais, trazendo disposições que vão interferir diretamente na participação social e, por via oblíqua, na condução dos negócios.

Registre-se, por oportuno, que as colocações ora realizadas limitam-se às cláusulas que estão relacionadas ou terão influência sobre a atividade social, sem prejuízo de outras, mais relacionadas ao relacionamento e organização familiar em si, como é o caso do *Family Office*, por exemplo.

Com efeito, o "Family Office é uma estrutura criada por uma ou mais famílias com vista a administrar os ativos tangíveis e intangíveis que não fazem parte da operação da empresa familiar"[96].

---

[96] WERNER, René A. Empresa Familiar. In: In: PRADO, Roberta Nioac (Coord.). **Empresas familiares: governança corporativa, governança familiar, governança jurídica**. São Paulo: Saraiva, 2011, p. 190.

LEGALIDADE, EFICÁCIA E IMPLICAÇÕES SOCIETÁRIAS DO PROTOCOLO FAMILIAR

Tal interferência sobre a sociedade se dá tanto para fins de profissionalização da atividade empresarial, como forma de manter sua posição e valor de mercado, evitando que problemas familiares interfiram na sua rotina e posicionamento, com perdas de valor, bem como para planejamento sucessório, mitigando conflitos com a troca abrupta de controle ou disputas de poder.

Acerca desse viés que proporciona um meio seguro de continuidade da atividade societária Giuseppe Martinez e Maria José Perez[97] explicam:

> O protocolo familiar é um instrumento jurídico que serve como mecanismo para organizar os aspectos internos da empresa familiar. Sua função é permitir que a empresa se desenvolva e cresça no mercado e, acima de tudo, assegure um dos pontos mais fracos deste tipo de sociedade: garantir sua continuidade. Desta forma, é uma forma eficaz de permitir a troca de gerações no comando, regulando os aspectos que ajudam a evitar futuros conflitos. Da mesma forma, estabelece as diretrizes que devem ser seguidas para resolver os problemas que poderiam surgir e não estavam previstos (Tradução da Autora)[98].

No que tange ao Plano de sucessão ou continuidade da atividade empresarial que este documento deve abarcar, imperioso ressaltar que, segundo pesquisa realizada pela PwC em 2016[99], somente 15% (quinze por cento) das empresas familiares no mundo possuem plano de sucessão, sendo que no Brasil esse número é de 19% (dezenove por cento). Logo, é um percentual bastante reduzido, notadamente porque, tam-

---

[97] MARTINEZ, Giuseppe Vanoni, PÉREZ, Maria José. Protocolo: un instrumento para mediar conflictos en empresas familiares. **Universidad del Rosario**. Bogotá, jun. 2015, p. 81-99. Disponível em: http://dx.doi.org/10.17081/dege.7.2.1182. Acesso em: 05 mar. 2017.

[98] El protocolo familiar es un instrumento jurídico que sirve como mecanismo para organizar los aspectos internos de la empresa familiar. Su cometido es que la empresa se desarrolle y crezca en el mercado y, sobre todo, asegurar uno de los puntos más débiles de este tipo de entidades: el de su continuidad. De esta manera, pretende un eficaz traspaso entre generaciones, regulando aquellos aspectos que ayuden a evitar futuros conflictos. Igualmente, establece las directrices que deben seguirse para solucionar aquellos problemas que pudieran surgir y no estuvieran previstos.

[99] Pesquisa Global sobre Empresas Familiares 2016. São Paulo, 2016. Disponível em: www.pwc.com.br/pt/setores-de-atividade/empresas-familiares/2017/tl_pgef_17.pdf. Acesso em 12 jan. 2018.

bém segundo a referida pesquisa, nos próximos 5 (cinco) anos haverá a maior transferência de riquezas entre gerações já vista no mundo.

Diante desses percentuais, o Protocolo Familiar ganha ainda mais destaque, eis que deve gerenciar este conflito e zona de ruptura, evitando perda de valores, o que claramente trará impactos econômicos, dada a importância de tais sociedades.

Além disso, o Protocolo deve conter previsões que visem trazer uma simetria de informações aos familiares, fixando regras no intuito de pré--definir situações que podem futura ou corriqueiramente ser vivenciadas pela empresa e família, diminuindo o impacto de acontecimentos incertos. Isso tudo sem perder de vista elementos indispensáveis à legalidade e eficácia do Pacto.

Em linhas gerais, os Protocolos Familiares devem tratar, ao menos no que tange a impactos societários, dos seguintes aspectos: valores e princípios da empresa; funções dos membros da família no âmbito empresarial; órgãos de gestão; formas de solução de conflitos; vinculação e desvinculação dos membros da família na sociedade; plano de retirada do fundador ou principal condutor da empresa e definição de seu sucessor[100]. Os mencionados assuntos repercutem sobre ato constitutivo, regimentos internos, criação de comissões e conselhos, formas de distribuição de lucros, requisitos para preenchimento de cargos na administração etc, o que significa dizer que exigem ajustes em tais documentos a fim de que gozem de maior efetividade.

Nesse contexto, os Protocolos devem ter disposições que estabeleçam diretrizes, tanto de conduta, como de formação dos membros da família, que, necessariamente, devem ser divididos entre aqueles que desempenham ou desempenharão funções e cargos na sociedade e os que, efetivamente, se resumirão a ser sócios e com isso obter dividendos, sem influência na atividade social. Sem esquecer dos casos em que existem sócios que não são familiares.

---

[100] IRIGOYEN, Maria Susana Sosa. El protocolo de empresa familiar: Antecedentes e bases para sua redacción. In: DUBOIS, Eduardo M. Favier (Coord.). **La empresa familiar: Encuadre general, marco legal e instrumenctación.** Buenos Aires: Ad-Goc, 2010, p. 272. Apud. FERES, Marcelo Andrade. Protocolo ou pacto de família: a estabilização das relações e expectativas na empresa familiar. In: COELHO, Fabio Ulhoa; FÉRES, Marcelo Andrade (Coord.). **Empresa familiar: estudos jurídicos.** São Paulo: Saraiva, 2014, p. 342.

Igualmente, o Protocolo pode e deve fixar formas e critérios de nomeação de cargos na sociedade, isto é, regras de divisão do poder, com requisitos mínimos para que sejam ocupadas funções de gestão, sendo que regras claras evitam disputas desnecessárias.

Por sinal, é bastante salutar já definir direitos e obrigações daqueles que irão desempenhar alguma atividade empresarial, justamente estabelecendo pró-labore ou distribuição desproporcional de lucros, por exemplo, nessa última hipótese apenas em sociedades limitadas, conforme adiante explicado.

No ponto, segundo pesquisa realizada pela KPMG[101], 51% (cinquenta e um por cento) das empresas familiares não possuem nenhum critério para ingresso de familiares na gestão da sociedade, o que é prejudicial, já que o tema é fonte de conflito por poder.

Ademais, questão de relevo refere-se à remuneração dos sócios e gestores, especialmente em sociedades familiares. Como visto, a forma e condições de remuneração são potenciais geradoras de problemas, sendo que se isso for previamente destacado no Pacto Familiar já minimiza os efeitos de uma mudança repentina dessa política, eis que de conhecimento precedente de todos.

Por outro lado, é possível que, de acordo com prévios ajustes familiares, alguns membros que compõem o quadro societário não queiram ou não possam ter poder decisivo, devendo-se retirar, exemplificativamente, o poder de voto, o que é possível por meio de ação preferencial, mas dessa feita o modelo societário eleito deve ser de sociedade anônima[102].

Importante também definir limites na relação entre família e propriedade (empresa), estabelecendo normas claras de separação patrimonial e contratação com partes relacionadas, vedando-se atividade de concorrência direta ou contratação com desvantagem para a empresa

---

[101] Retratos de Família: um panorama do histórico e perspectivas das Empresas Familiares brasileiras. Disponível em: https://assets.kpmg.com/content/dam/kpmg/pdf/2016/04/br--pesquisa-retratos-de-familia.pdf. Acesso em 12 jan. 2018.

[102] Em que pese o DREI ter editado a Instrução Normativa n. 38/2017, que delimita a possibilidade de criação e utilização das quotas preferenciais, entendemos que o direito de voto, particularmente, não pode ser subtraído em prol de alguma vantagem adicional, porquanto direito de voto em sociedade limitada nos parece ser essencial ao quotista. Mais à frente trataremos de forma mais detalhada da questão.

em prol de interesses particulares de um sócio ou de um grupo deles ou mesmo de administradores.

Não obstante, o sócio que se veja em situação de contratação entre duas ou mais sociedades da qual seja quotista/acionista, a depender do caso concreto, pode ser considerado em conflito. Todavia, a definição precedente de regras de contratação tende a minimizar questionamentos sobre as operações realizadas, sendo que em caso de constatação de prejuízo para a sociedade, esta pode se valer de ação indenizatória de perdas e danos, conforme lhe assegura a Lei n. 6.404/76.

Da mesma forma, o Pacto Familiar já pode prever, no tangente à governança familiar, a existência dos conselhos familiar e de administração ou consultivo, que irão auxiliar no processo de tomada de decisões, sendo que o primeiro acontece no seio da família, já os demais no âmbito da sociedade. Veja-se que quando se fala de conselho consultivo não nos referimos a conselho de administração, com disposições e atribuições legais específicas, inclusive com caráter deliberativo e vinculante, mas sim um órgão disposto a auxiliar e fazer uma ponte entre o conselho de família e o conselho de administração.

O Protocolo Familiar deve, portanto, regular aspectos nodais dos encontros do conselho de família, definindo regras e forma de atuação, bem como em que medida as decisões lá deliberadas terão repercussão sobre a condução dos negócios sociais e como o assunto será abordado no âmbito da sociedade.

Outrossim, formas de resolução de disputas e circulação de ações/quotas entre acionistas/quotistas que sejam familiares já podem ser previamente definidas no bojo de tais acordos, com vistas a manutenção do controle nas mãos da família. Uma forma eficiente de represar conflitos entre sócios, conforme destacado anteriormente, é a utilização da *holding*, sociedade com objetivo de resguardar a participação em outras sociedades, sendo que eventuais discussões não atingem diretamente sociedades operacionais, razão pela qual ficam circunscritas ao ambiente da sociedade controladora.

Além disso, demandas atinentes à sucessão e passagem do bastão de uma geração para outra devem estar devidamente resguardadas no Pacto, evitando-se, tanto disputas pelo poder, como um choque decorrente da mudança abrupta de controle e forma de condução dos negócios.

Como se pode ver, são diversos detalhes que podem e devem constar no Protocolo Familiar, sendo que, em boa parte, trazem repercussões para a vida da sociedade, o que exige uma atuação jurídica coordenada, apta a implementar o que fora previsto no Pacto, especialmente para que cumpra a sua função e tenha o efeito pretendido.

Assim, conforme se destacará no Capítulo subsequente, é plenamente viável conciliar as previsões do Pacto Familiar com a forma de conduzir os negócios sociais, mas os instrumentos para tal devem estar em harmonia e serem constantemente atualizados; devendo casar com as restrições legais, princípios gerais de contratação aplicáveis e a modalidade societária utilizada, haja vista a particularidade de cada uma, bem como os contornos da lei.

3.5 Limites legais e eficácia

Como visto, no Brasil não existe previsão normativa específica acerca do Protocolo Familiar (tampouco sociedade empresária familiar), regendo-se pelas regras e princípios gerais contratuais, como relatividade das partes, boa-fé objetiva e função social do contrato.

Assim, é importante tomar cuidado com a redação de dispositivos no Pacto Familiar, de modo que não encerrem previsões que não se coadunem com essas premissas e princípios legais. Sem prejuízo da necessidade de se compreender regras sobre sucessão, direito familiar, societário, regulatório e responsabilidade civil, justamente para se ter a dimensão e forma de efetivação do Pacto e as consequências em caso de descumprimento do avençado.

Nessa seara, o Pacto é regido pelas regras básicas de validade do negócio jurídico disciplinadas no art. 104, CC: agente capaz, objeto lícito e passível de determinação e forma prescrita ou não defesa em lei. Em vista destas exigências que a visão multidisciplinar encerra importante papel.

O Pacto Familiar trata-se de contrato atípico, que conta com certa discricionariedade, mas deve se atentar às diretrizes da lei, nos termos do que dispõe o art. 425, Código Civil: "É lícito às partes estipular contratos atípicos, observadas as normas gerais fixadas neste Código".

Por outro lado, o Pacto Familiar não goza das mesmas previsões legais e vantagens do acordo de acionistas, por exemplo, que autoriza a execução forçada e extrajudicial da avença, ainda que uma das partes insista em descumpri-lo ou não compareça na reunião do conselho de administração ou assembleia geral, nos termos dos §§8º e 9º do art. 118, LSA; de forma que, em certa dose, dispensa o poder coercitivo do Judiciário.

Sendo assim, o Pacto deve ser assinado pelos membros capazes da família no momento de sua elaboração ou mesmo incapazes mediante assistência ou representação, observados os limites de atuação dos que representam tais pessoas, sendo esta análise casuística. Mas, de uma forma geral, a sua aderência deve se dar entre aqueles que são ou virão a ser proprietários de bens que pertencem ao núcleo familiar, de sorte que alberga sócios e não sócios da sociedade.

Posteriormente, o Pacto deve contar com termos de adesão à medida que a família for se expandindo, bem como eventuais aditivos a fim de compatibilizar o Protocolo com o momento pelo qual passa a família, e, por consequência, a sociedade, tendo em vista os efeitos externos deste documento. Porém, é preciso ter cuidado para não disciplinar previsões ambíguas ou que possam ser consideradas como renúncia a direito, eis que o Código Civil veda renúncia antecipada em contrato de adesão[103].

De outra banda, vale a ressalva de que, justamente por força da omissão legal, a vinculação a terceiros é questão sensível, conforme mais adiante explorado.

Ademais, importante analisar a exequibilidade e limites de utilização do Pacto no ordenamento brasileiro com relação a aspectos de sucessão, especialmente diante do que estabelece o art. 426, Código Civil, a ver: "Art. 426. Não pode ser objeto de contrato a herança de pessoa viva".

Assim, ao regular o Pacto Familiar, notadamente aspectos sucessórios, é importante verificar se não há previsão que contrarie esta regra, sob pena de, dependo da previsão, se invalidar o documento como um todo.

Logo, a norma deve ser interpretada de forma sistemática com o ordenamento vigente, razão pela qual a vedação se destina aos contratos que não observam as demais diretrizes e formas estabelecidas em lei, o

---

[103] Art. 423. Quando houver no contrato de adesão cláusulas ambíguas ou contraditórias, dever-se-á adotar a interpretação mais favorável ao aderente.
Art. 424. Nos contratos de adesão, são nulas as cláusulas que estipulem a renúncia antecipada do aderente a direito resultante da natureza do negócio.

que não é o caso de um planejamento sucessório, pois sua execução está nos limites da livre disposição que os proprietários dos bens gozam.

De toda sorte, o planejamento da empresa/sociedade familiar que, invariável e acertadamente, passa pela regulamentação de aspectos sucessórios deve estar atento às diretrizes gerais do Direito, bem como às limitações do tipo societário eleito para o desenvolvimento da atividade empresarial, isso porque existem limitações legais de validade do negócio jurídico que devem ser observadas para se garantir a validade do Pacto, conforme orientação do art. 104 do CC.

Portanto, a eficácia jurídica do Pacto de Família depende do seu conteúdo e de seu caráter vinculante, inclusive quanto a terceiros, primordialmente quando se trata de companhia com negociação de valores mobiliários, de forma que isso somente pode ser avaliado conforme cada caso concreto, devendo-se tomar o cuidado para não extrapolar os limites da legislação vigente, sob pena de se ter um documento sem validade jurídica, o que esvazia a razão de sua criação.

3.5.1 Caráter preliminar do Pacto Familiar

A despeito de o Pacto Familiar demandar e redundar em contundentes repercussões societárias, trata-se, em verdade, de contrato preliminar quanto a tais implicações, eis que imprescindíveis alterações em atos constitutivos, acordos de sócios, regimentos e códigos sociais, para alcançar a sua completa efetivação.

Em vista do conceito de contrato preliminar, esclarece o CC:

> Art. 463. Concluído o contrato preliminar, com observância do disposto no artigo antecedente, e desde que dele não conste cláusula de arrependimento, qualquer das partes terá o direito de exigir a celebração do definitivo, assinando prazo à outra para que o efetive.

Nota-se, portanto, que o contrato preliminar deve ser firmado em caráter irretratável e irrevogável, não contendo dispositivos que admitam o exercício de arrependimento, razão pela qual possui todas as características do contrato definitivo, exceto a forma, consoante delimita Arnaldo Rizzardo:

> Conceitua-se como o contrato no qual as partes se obrigar a realizar posteriormente um contrato definitivo. (...)

PROTOCOLO FAMILIAR

Todavia, não cria uma situação definitiva, porquanto outro contrato surgirá, que consolidará as estipulações feitas numa fase inicial, mas no sentido de manifestação de intenções, vinculando as vontades a um objeto comum.[104]

Vale dizer, necessário que tal documento conte com o maior número possível de informações e detalhes da relação familiar e societária, mas, em alguns pontos, necessariamente, demanda ajustes em documentos sociais (estes sim contratos definitivos), precipuamente para que possa atingir terceiros estranhos à família, mas que guardam relação com a sociedade.

Daí porque se diz ter caráter preliminar, conquanto necessita de ajustes em documentos societários (de cunho definitivo) para que alcance a repercussão desejada e aí sim atenda seu objetivo maior de conferir arranjos que evitam disputas ou brigas.

Em contrapartida, tal instrumento não deve ser de amplo e livre acesso, mesmo porque cuida de assuntos internos à organização familiar, sendo salutar e mesmo recomendável que conte com previsão de confidencialidade acerca de seus termos.

Entretanto, esta particularidade deve ser sopesada com outros fatores importantes, como, por exemplo, formas de resolução de controvérsias e execução das obrigações descritas.

Nessa esteira, imperioso que se estabeleçam formas de resolução de controvérsias que, ao mesmo tempo, garantam a eficácia do Pacto e preservem alguns pontos de cunho confidencial, o que significar dizer que meios de autocomposição são essenciais para resolução de impasses. Inclusive, o Conselho de Família ou mesmo Assembleia (para sociedades com capital social eminentemente familiar) pode ser prestar a este fim, isto é, tentar solucionar impasses.

Lado outro, métodos de heterocomposição merecem ser considerados, de sorte que a arbitragem garante o sigilo, mas tende a ser mais dispendiosa do ponto de vista financeiro; por seu turno, o Judiciário é moroso e, em sua maioria, não conta com julgadores especializados.

Assim, o ideal seria previamente definir, no próprio Protocolo, as formas de resolução de controvérsias a ele relacionadas, escalonando, em casos de heterocomposição, em que medida se dará a utilização de

---

[104] RIZZARDO, Arnaldo. **Contratos**. Rio de Janeiro: Forense, 2015, p. 183.

LEGALIDADE, EFICÁCIA E IMPLICAÇÕES SOCIETÁRIAS DO PROTOCOLO FAMILIAR

árbitros ou de juízes togados capazes de garantir a efetivação das medidas previamente ajustadas pela Família.

Nesse espírito, importante que o documento conte com meios, ainda que forçados, a fim de garantir o cumprimento das disposições pactuadas.

3.5.2 Vinculação a terceiros

Aspecto de destaque, mesmo porque intimamente ligado aos limites da eficácia do Pacto Familiar e suas implicações sobre a atividade empresarial trata-se da sua vinculação a terceiros, primordialmente demais sócios e investidores da sociedade, que certamente compõem o ciclo de influência entre família, propriedade e gestão.

O primeiro ponto que deve ficar bem claro refere-se ao princípio da relatividade dos contratos, vale dizer, o alcance das obrigações encerradas em uma avença não pode, a menos que seja para conceder benefícios, ultrapassar os limites das pessoas signatárias sem que haja autorização legal para tanto, como é o caso do acordo de acionistas, por exemplo, que após devidamente arquivado na sede da companhia confere-lhe a obrigação de atentar ao ajustado.

Sobre essa máxima da relatividade contratual esclarece Arnaldo Rizzardo:

> Em princípio, pois, os direitos e obrigações específicas dos contratos restringem-se àqueles que o subscreveram. Não se faculta que se convencione uma obrigação, ou um direito, contra ou a favor de um direito, o que vem da época do direito romano, onde havia a regra de que *alteri stipulari nemo potest*, ou de um acordo de vontades não pode repercutir efeitos de modo a atingir direito de terceiros.[105]

Como se pode ver, a regra geral é de que um contrato não pode obrigar terceiro a realizar algo que não se vinculou, de sorte que o sócio que não compõe a família em uma sociedade familiar não pode se ver compelido a cumprir obrigações estranhas a este ajuste.

Entretanto, essa ressalva se dá no tocante ao sócio em si e não à própria sociedade, caso em que a família, que prepondera nas deliberações

---

[105] RIZZARDO, Arnaldo. **Contratos**. Rio de Janeiro: Forense, 2015, p. 135.

sociais, deve aprovar alterações na estrutura da sociedade a fim de compatibilizá-la com o pactuado no Protocolo Familiar.

Note-se: o sócio que não é familiar e, portanto, não signatário do Pacto, não está obrigado a atentar aos limites do que fora ajustado pela família, notadamente quanto a regra de sucessão, composição dos quadros de administração, forma de distribuição de dividendos.

Porém, caso estes requisitos sejam chancelados pela Assembleia Geral vinculam todos os sócios, sendo que isso vale tanto para sociedades limitadas como anônimas, a teor dos arts. 1.072, §5º, CC e 129, LSA. Igualmente, dependendo da questão e estrutura da sociedade, o tema pode ser ratificado em Conselho de Administração ou reunião de diretoria.

Vale dizer, ao tempo da elaboração do Pacto é importante que se tenha uma dimensão da composição do quadro social a fim de traçar as diretrizes necessárias à efetivação daquilo que restou pactuado, considerando o tipo societário eleito e os quóruns e documentos previamente firmados no âmbito de tal sociedade, sob pena de a estrutura do Pacto não ter qualquer efetividade.

Logo, a despeito de o Pacto por si não poder obrigar o sócio não signatário a cumpri-lo, é certo que esta questão pode ser contornada mediante a chancela destas deliberações em assembleias gerais ou mesmo reuniões de Conselho de Administração ou reunião de diretoria, bem como ajustes em documentos correlatos. Além disso, é necessário observar eventuais compromissos ou acordos previamente ajustados com eventual sócio/investidor que não é da família, pois podem existir regras que vedem ou dificultem estes ajustes.

Portanto, não apenas os aspectos essenciais ao anseio familiar devem ser considerados ao tempo da elaboração do referido Protocolo, mas a sua aplicação prática, o que significa dizer conhecimento do ordenamento e acordos vigentes com terceiros estranhos ao conjunto familiar.

3.5.3 Limites das cláusulas de confidencialidade em Pactos Familiares e companhias abertas

Lado outro, a depender do teor e dos ajustes realizados em tais Pactos, com assuntos íntimos, é comum e em certa medida recomendável que se institua cláusula de confidencialidade capaz de resguardar os anseios e perspectivas familiares, no intuito de preservá-los do conhecimento público.

Ou seja, se não todo, parte considerável do conteúdo do Pacto, que verse sobre interesses eminentemente familiares, devem ser de conhecimento restrito da família, sem maior acesso público, exceto naquilo que irá influir diretamente sobre a atividade societária, que, necessariamente, irá exigir ajustes internos na sociedade, inclusive para alcançar sócio não integrante da família, se o caso. Assim, algumas previsões demandam ajustes em atos societários, sendo alguns destes aspectos levados a arquivamento nos órgãos de registro do comércio, e via de consequência, de franco acesso ao público.

Não obstante a ressalva acima realizada, é certo que dadas sociedades familiares possuem valores mobiliários negociados no mercado de capitais, razão pela qual se submetem a algumas regras, principalmente *disclosure*, estabelecida pelo órgão regulador, isto é, Comissão de Valores Mobiliários – CVM.

Logo, como conciliar estas duas necessidades?

Inicialmente, convém conceituar o que seria o mercado de capitais:

> Em síntese, podemos definir o *mercado de capitais* como o conjunto de operações, realizada entre pessoas físicas e/ou jurídicas, que consistem na captação de capitais de forma direta entre os poupadores de recursos financeiros e aqueles tomadores de capital, nas quais as entidades financeiras aparecem como intervenientes obrigatórias nos negócios realizados, mercado este norteado por princípios protecionistas da economia popular e da estabilidade financeira sob o regime jurídico do *direito de mercado de capitais*.[106]

Em termos de regulação da CVM, existem duas Instruções, 400 e 480, que dão o norte dos aspectos gerais a serem seguidos por companhias abertas, eis que dispõem sobre normas atinentes à oferta pública de distribuição de valores mobiliários e registro de emissores de valores mobiliários admitidos à negociação em mercados regulamentados, respectivamente.

---

[106] MOSQUERA, Roberto Quiroga. **O direito tributário e o mercado financeiro de capitais**. São Paulo: Dialética, 1999, p. 23/24.

PROTOCOLO FAMILIAR

Tais Instruções seguem a diretriz primordial da CVM, que é garantir a simetria de informação, conquanto "tem por fim assegurar a proteção dos interesses do público investidor e do mercado em geral, através do tratamento eqüitativo aos ofertados e de requisitos de ampla, transparente e adequada divulgação de informações sobre a oferta, os valores mobiliários ofertados, a companhia emissora, o ofertante e demais pessoas envolvidas"[107].

Quando se trata de registro de oferta, a CVM exige informações completas, precisas, verdadeiras, atuais, objetivas e necessárias sobre a companhia emissora e sua situação patrimonial, econômica e financeira. Por sua vez, o emissor devidamente registrado também deve prestar informações claras e verdadeiras, periodicamente, acerca de sua constituição e composição, devendo as mesmas serem úteis à avaliação dos valores mobiliários por ele emitidos.

Com efeito, considerando a natureza das obrigações e premissas fixadas no Pacto Familiar, principalmente as que possam causar impacto sobre os valores mobiliários emitidos pela companhia, é o caso de se analisar, em cada caso concreto e para cada previsão inserta, se a questão é efetivamente um fato relevante a ser divulgado e se teria o condão de repercutir no mercado.

Reforça-se, contudo, que a questão não é estanque, eis que a CVM não disciplina específica e claramente o que deve ou não ser divulgado, mas fornece algumas diretrizes das informações que devem ser de conhecimento público, cabendo ao intérprete, à luz do caso prático, avaliar se é o caso ou não de se trazer à público determinada situação prevista no Pacto.

Nesse contexto, este é um fator que deve ser considerado ao tempo da elaboração do Pacto, eis que descumprimento de regras regulatórias podem levar a sanções por parte da CVM, o que significa dizer que, a despeito de existir uma cláusula de confidencialidade, algumas previsões inseridas no Pacto podem ter de se tornar públicas caso a companhia seja aberta. É certo que a avaliação do que impacta ou não nos

---

[107] CVM – Comissão de Valores Mobiliários. Instrução n. 400. Dispõe sobre as ofertas públicas de distribuição de valores mobiliários, nos mercados primário ou secundário, e revoga a Instrução CVM nº 13, de 30 de setembro de 1980, e a Instrução CVM nº 88, de 3 de novembro de 1988. Disponível em: http://www.cvm.gov.br/legislacao/instrucoes/inst400.html. Acesso em 12 jan. 2018.

valores mobiliários negociados, à luz das regras societárias e regulatórias existentes, é casuística, mas demanda um cuidado adicional ao redigir o instrumento.

Sob outro prisma, insta ter em mente que a efetivação de desejos familiares em Protocolos Familiares, quando se tratam de companhias que contam com a poupança popular, eis que negociam valores em mercado de capitais, é menor, haja vista o maior número de regras e procedimentos a que estas sociedades estão sujeitas.

Isto é, considerando que a família entendeu por dividir sua propriedade com o público em geral, é certo que sua margem de manobra e controle são menores do que em sociedades com capital fechado, cujo controle é mais facilmente exercido. Mesmo porque, o grau de responsabilização e fiscalização a que estão sujeitas estes tipos de companhias familiares é muito maior, dado o controle exercido pela CVM e pelo próprio mercado de uma forma geral.

Assim sendo, é possível concluir que a cláusula de confidencialidade, quando se tratam de sociedades emissoras de títulos mobiliários, pode vir a ser relativizada a depender da matéria versada no Pacto, que, considerando a implicação societária, influa sobre os títulos negociados.

Da mesma forma, é possível que nem todos os anseios da família possam ser expressos em tal documento, já que normas regulatórias possuem força cogente. Porém, isso não retira a importância e força do Pacto, que continua a ser fundamental para implementação da coordenação entre família, propriedade e gestão, em reforço às normas regulatórias, que naturalmente acabam forçando a separação destes conceitos a fim de dar segurança ao mercado.

3.6 Tipo societário e repercussão do protocolo familiar

Consoante destacado anteriormente, o tipo societário eleito para explorar a atividade empresarial diz muito sobre a estrutura e forma de organização da família e da empresa, especialmente porque o direito societário detém previsões específicas para cada caso, delimitando o relacionamento social, conforme descreve Gladston Mamede ao distinguir o direito de família do direito societário:

> Note-se que o Direito de Família não cometeu o erro de pretender criar regras detalhadas para definir o relacionamento entre irmãos, pais e filhos

etc., o que seria um equívoco, considerando a carga eminentemente afetiva dessas relações. No entanto, é próprio do Direito Societário o trabalho com as normas de convivência entre os sócios. Resulta daí que a constituição de uma holding familiar implica a submissão de familiares ao ambiente societário, ou seja, as regras de convivência que, embora exclusivas do plano societário e patrimonial (quando se trata de uma holding), acabam por alcançar o ambiente familiar.[108]

Vale dizer, família, propriedade e gestão também se relacionam na escolha do tipo societário utilizado para o exercício da atividade econômica organizada, sendo que existem diferenças essenciais que merecem e devem ser abordadas, pois isso será decisivo para o tipo de organização social que se utiliza(rá) na sociedade familiar, isto é, se sociedade anônima (de capital aberto ou fechado) ou limitada, bem como a forma de estruturação do Pacto Familiar.

3.6.1 Sociedade empresária

Por sociedade empresária entende-se a pessoa jurídica que desenvolve profissionalmente atividade econômica organizada para a produção e circulação de bens ou serviços, excetuados profissão intelectual, de natureza científica, literária ou artística, conforme inteligência do art. 966, CC.

Dentre as estruturas de sociedades empresárias existentes no Brasil, as mais representativas tratam-se de sociedades anônimas e limitadas, sendo que essas sociedades possuem diretrizes e regramentos distintos, mostrando-se adequadas para cada situação familiar e propósito que se tenha.

É certo que as sociedades anônimas são mais bem reguladas do ponto de vista da maturidade e entendimento da norma, haja vista a ainda atual Lei das Sociedades por Ações, a despeito de contar com mais de 40 anos. Porém, não se pode desprezar a sociedade limitada, pois, é muito utilizada e serve a propósitos bastante úteis e significativos, a depender de cada situação.

Por oportuno, convém destacar que para fins de utilização do Pacto Familiar, ambos os tipos societários podem e devem ser atingidos pelas

---

[108] MAMEDE, Gladston. **Planejamento Sucessório**. São Paulo: Atlas, 2015. p. 116-117.

implicações societárias dele decorrentes, não havendo predileção por uma ou outra forma, razão pela qual cabe ao intérprete e executor do Pacto considerar cada uma das particularidades existentes em tais tipos sociais, que serão eleitos segundo o momento pelo qual a empresa passa, conforme Teoria do Desenvolvimento Tridimensional, e os anseios da família.

Aqui mais uma vez vale a máxima de que não existem fórmulas pré--definidas para resolução das questões societárias, dependendo de cada situação encontrada.

Assim, passa-se a discorrer a respeito dessas modalidades societárias, destacando suas principais características e distinções, conquanto tais premissas serão essenciais ao tempo da implementação das disposições do Protocolo Familiar.

3.6.1.1 Sociedade Limitada

Em termos amplos, a sociedade limitada é regulada pelo Código Civil, sendo que nos casos omissos se socorre das disposições das sociedades simples, ou, caso opte[109], subsidiariamente, se vale das normas das sociedades anônimas, sendo seu capital social dividido em quotas, o que faz com que seus sócios respondam nos limites dos valores das quotas subscritas, exceto se não houve a integralização total do capital social, hipótese em que há responsabilidade solidária.

Da mesma forma, quando há integralização de bens no capital social os sócios respondem solidariamente pela exata estimação do bem pelo período de 5 (cinco) anos.

Ainda quanto ao capital social, é certo que o mesmo pode não ser integralizado em seu todo de imediato, o que significa dizer que os sócios podem ajustar um termo para sua integralização futura e, caso o sócio não honre com esta obrigação a tempo e modo, depois de devidamente notificado, será considerado remisso, nos termos do art. 1004, Código Civil.

---

[109] Por força da Instrução Normativo n. 38/2017 do DREI, a opção pelo regime subsidiário das sociedades anônimas não precisa mais ser expressa, basta existir no âmbito do contrato social institutos típicos das companhias. Entretanto, este posicionamento é alvo de questionamentos, já que muda o sentido do descrito no CC.

PROTOCOLO FAMILIAR

Nessa hipótese, o sócio remisso será notificado para, no prazo máximo de 30 dias, suprir a mora. E, caso não o faça, responderá pelo dano emergente da mora, contudo, os demais sócios, ao invés de solicitarem a correspondente indenização podem optar por: (i) excluir o sócio remisso; ou (ii) reduzir as quotas do sócio ao montante já integralizado, sendo que em ambas as hipóteses o capital social será reduzido, a menos que os demais sócios supram a mora; ou (iii) suprir a quota do sócio remisso; ou (iv) alienar a quota a terceiro. Em complemento a estas hipóteses, esclarece Nelson Abrão:

> É de se considerar possível a viabilidade de a sociedade proceder ao eventual afastamento do sócio constituído em mora que depois de trinta dias permaneça inerte, sendo remisso, substituindo-o por outro, ou reduzindo o capital e procedendo ao respectivo registro na Junta Comercial, independentemente de formalismo judicial.[110]

A hipótese doutrinária acima referida encontra-se disciplinada no art. 1.058, Código Civil, em que os demais sócios podem, em relação as quotas do remisso, "tomá-la para si ou transferi-la a terceiros, excluindo o primitivo titular e devolvendo-lhe o que houver pago, deduzidos os juros da mora, as prestações estabelecidas no contrato mais as despesas".

Em complemento, desta feita esclarecendo sobre o quórum necessário ao procedimento de penalização de sócio remisso, Nelson Abrão expõe:

> Não se cogita que o quórum determinante da exclusão que eliminaria o sócio se reporte à maioria, em função do valor prometido e não entregue pelo remisso. A expressão normativa se refere à maioria dos demais sócios, o que traduz conotação pessoal e não de capital na deliberação societária.[111]

Conteúdo também inerente ao capital social é a penhora de quotas, tema que, até a edição do Código de Processo Civil de 2015 (CPC), trazia diversos posicionamentos doutrinários e jurisprudenciais a respeito da possibilidade de o credor tornar-se sócio ou não da sociedade a qual

---

[110] ABRÃO, Nelson. **Sociedade limitadas**. São Paulo: Saraiva, 2005, p. 89.
[111] ABRÃO, Nelson. **Sociedade limitadas**. São Paulo: Saraiva, 2005, p. 89.

se estava a penhorar quotas. Contudo, a edição do novo CPC colocou uma pá de cal no assunto, de modo que em caso de penhora de quotas deve ser seguido um procedimento pré-definido.

Isto é, nos termos do art. 861 da referida norma processual, operada a penhora, a sociedade deverá, em caráter cumulativo: apresentar balanço especial, oferecer as quotas aos demais sócios a fim de que se observe direito de preferência e, na hipótese de inexistir interessados, proceder à liquidação das quotas, depositando o saldo em juízo. Entretanto, a fim de se evitar a liquidação, caso a sociedade possua reservas, poderá adquirir as quotas para manter em tesouraria.

Além disso, a sociedade limitada possui quóruns de aprovação que permitem o comando da sociedade, independentemente da anuência dos demais sócios, com 75% (setenta e cinco por cento) do capital social, percentual que possibilita até alteração do contrato social, a menos que tal documento fixe patamar maior. Portanto, dependendo do nível de pulverização e fase em que se encontra enquadrada a sociedade familiar, esta modalidade societária pode ou não ser uma hipótese.

Outrossim, diferente das sociedades anônimas, as sociedades limitadas com até 10 (dez) sócios admitem flexibilização das regras atinentes à Assembleia, situação em que a Reunião de Sócios surge como alternativa, desde que assim seja devidamente autorizado e regulamentado pelo contrato social.

Nesse compasso, nos limites do que autoriza o art. 1.072, Código Civil, é possível relativizar algumas regras, competindo ao contrato social estabelecer as hipóteses de convocação, designação de administradores, deliberação sobre tomada de contas, dentre outras matérias, sendo certo que na omissão a questão passa a ser regulamentada pela regra geral do Código no tocante às assembleias.

Portanto, é interessante casar as previsões do Pacto Familiar, que define foros e formas de discussão no âmbito da família e da propriedade, com as regras a serem inseridas no contrato social sobre reunião de sócios.

Igualmente, a sociedade limitada tem regras menos rígidas quanto a publicações de documentos societários, livros obrigatórios e documentação contábil necessária, o que é um facilitador para sociedades no início do processo de atividade empresarial, por exemplo.

Assim sendo, é indispensável conciliar a modalidade societária eleita com o momento do desenvolvimento social pelo qual a sociedade passa, sendo que a teoria do modelo tridimensional, de Gersick *et al.*, pode ajudar no entendimento do melhor formato societário. Isso tudo, obviamente, permeado pelas disposições do Pacto Familiar que irão influir sobre a questão.

No que tange à administração, os administradores das sociedades limitadas podem ser nomeados em ato separado ou no próprio contrato social, sendo que essa escolha (nomeação no contrato ou em ato separado) certamente depende do que o Protocolo Familiar estabelece como normas e diretrizes para o preenchimento do cargo, já que a nomeação no contrato ou em separado de administradores sócios possui quoruns distintos de nomeação e destituição, por exemplo. A nomeação em separado permite a alteração do administrador por meio de simples arquivamento de ata de reunião de sócios na Junta Comercial, não demandando uma alteração contratual, que acaba tendo quórum, salvo previsão diversa do contrato social, de 75% (setenta e cinco por cento) do capital social.

A sociedade limitada também possui uma particularidade quanto ao conselho de administração, que nas sociedades anônimas tem cunho deliberativo, sendo que essa função nas limitadas, *a priori*, seria eminentemente da reunião de sócios ou assembleia, o que poderia causar uma dúvida no tangente a conflito de competência, especialmente porque as sociedades limitadas não têm nenhuma previsão legal específica a respeito desse órgão.

Entretanto, em nosso entendimento, desde que respeitadas as matérias que necessariamente dependem de deliberação exclusiva dos sócios, as demais podem ser tratadas no âmbito da administração, seja com caráter colegiado ou não, mesmo porque alguns temas podem demandar, por exemplo, aprovação e atuação conjunta de administradores, conforme previsão do contrato social.

Logo, considerando a máxima de que no direito privado o que não é proibido é permitido, não se verifica óbice em conciliar conselho de administração com a sociedade limitada.

Ao reforço desse entendimento e visando trazer luz ao caso, dada a lacuna legal, encontra-se a recente Instrução Normativa n. 38/2017 do

Departamento de Registro Empresarial e Integração (DREI)[112], que, dentre outros assuntos, atualiza o manual de registro da sociedade limitada, sendo que expressamente autoriza a utilização da figura do conselho de administração em tal tipo societário, aplicando, subsidiariamente, as normas atinentes às sociedades anônimas.

Por outro lado, a sociedade limitada restringe a livre circulação de quotas, sendo que, na omissão do contrato social, o sócio pode ceder suas quotas a qualquer outro sócio ou mesmo a estranho aos quadros sociais, sendo que nessa última hipótese desde que não haja oposição de mais de um quarto do capital social.

Por seu turno, o Código Civil prevê expressamente a possibilidade de criação do Conselho Fiscal em sociedade limitada, que é facultativo, mas um excelente meio de pôr em prática dispositivos do Pacto Familiar que versem sobre o acompanhamento e monitoramento da atividade empresarial, sendo uma medida positiva do ponto de vista da governança corporativa.

Não obstante, tendo em vista a essência e o caráter *intuitu personae* da sociedade limitada, ela admite retirada e rompimento do vínculo societário em relação a determinado sócio, o que pode se dar nas seguintes hipóteses: sócio remisso, exclusão de sócio, denúncia da relação contratual e direito de retirada quando a sociedade é constituída por prazo indeterminado.

Tais possibilidades devem ser sopesadas e consideradas ao se realizar um Protocolo Familiar que atinja sociedades limitadas, eis que existem mecanismos de rompimento do elo social já disponibilizados por lei nestas sociedades, sem prejuízo da utilização de *deadlock provisions*[113].

---

[112] DREI – Departamento de Registro Empresarial e Integração. Instrução Normativa n. 38. Institui os Manuais de Registro de Empresário Individual, Sociedade Limitada, Empresa Individual de Responsabilidade Limitada – EIRELI, Cooperativa e Sociedade Anônima. Departamento do Registro Empresarial e Integração (DREI). Disponível em < http://drei.smpe.gov.br/documentos/instrucao-normativa-no-38-retificacao.pdf>. Acesso em 17 jul. 2017.

[113] *Deadlock provisions* tratam-se de procedimentos de resolução de controvérsias entre sócios, normalmente regulada via acordo de acionistas/quotistas, em que se delimitam procedimentos e formas de atuação em caso de conflitos. Podem ser estruturadas de diferentes maneiras, em especial atreladas a cláusulas de compra (call) ou venda (put) forçada de participação social. Como cláusulas mais utilizadas citamos: (i) roleta russa, em que uma parte notifica a outra para comprar ou vender sua participação por determinado valor, sendo que

Da mesma forma, no caso de omissão, a sociedade limitada regula, no art. 1.031, CC, a forma de apuração de haveres em caso de rompimento do vínculo societário.

Conforme delimita Marcelo Fernandez Trindade e Thiago Saddi Tannous:

> Como se pode ver, o art. 1.031 estabelece três elementos que devem nortear a apuração de haveres: (a) a situação patrimonial da sociedade; (b) a adoção da data de resolução do contrato como data base para a apuração; e (c) que a apuração da situação patrimonial na data de resolução seja feita por meio de um balanço especialmente levantado. Esses três elementos serão analisados mais adiante.[114]

Em complemento, referidos autores destacam:

> Embora tenha havido intensa discussão no passado, hoje parece assentado o (correto) entendimento de que o balanço de determinação não deve ser levantado com base nas normas contábeis ordinárias, mas sim que devem ser considerados os valores de mercado dos ativos e passivos sociais.[115]
>
> (...)
>
> Portanto, o balanço do art. 1.031 do Código Civil deve considerar todos os itens do ativo e do passivo, e quaisquer bens e direitos, inclusive intangíveis identificáveis, pelo seu valor de mercado, e é nisso que esse balanço difere dos balanços rotineiros.[116]

---

a parte notificada pode optar se, pelo valor apontado na notificação, tenciona alienar ou comprar a participação social do notificante; (ii) texana: as partes trocam simultaneamente propostas para aquisição de participação societária e quem apresenta maior valor adquire o direito de compra; (iii) *tag along*, trata-se do direito de vender as participações sociais em conjunto com o quotista alienante; e (iv) *drag along*, chamado de direito de arrastamento, pois é possível obrigar os demais sócios a alienaram, em conjunto com o sócio que pretende sair, sua participação social a terceiro.

[114] TRINDADE, Marcelo Fernandes e TANNOUS, Thiago Saddi. **O art. 1.031 do Código Civil e sua interpretação**. In: YARSHELL, Flávio Luiz e PEREIRA, Guilherme Setoguti J. (Coord.). **Processo Societário II**. São Paulo: Quartier Latin, 2015, p. 490-491.

[115] TRINDADE, Marcelo Fernandes e TANNOUS, Thiago Saddi. **O art. 1.031 do Código Civil e sua interpretação**. In: YARSHELL, Flávio Luiz e PEREIRA, Guilherme Setoguti J. (Coord.). **Processo Societário II**. São Paulo: Quartier Latin, 2015, p. 498-499.

[116] TRINDADE, Marcelo Fernandes e TANNOUS, Thiago Saddi. **O art. 1.031 do Código Civil e sua interpretação**. In: YARSHELL, Flávio Luiz e PEREIRA, Guilherme Setoguti J. (Coord.). **Processo Societário II**. São Paulo: Quartier Latin, 2015, p. 501.

Todavia, o ideal é que não haja omissão no contrato social (devendo dispor sobre o tema) e, em caso de retirada de sócio, é importante já constar um critério de apuração de haveres, cujas premissas podem e devem ser delineadas no Protocolo Familiar, haja vista envolver o patrimônio da família, conforme mais adiante detalhado.

Sob outra perspectiva, a sociedade limitada admite distribuição desproporcional de lucros, já que prevê (art. 1.055, CC) quotas desiguais, o que não é possível na sociedade anônima, pois, quando muito, admite ação preferencial com algumas vantagens em detrimento de um direito. Portanto, se a ideia do Protocolo Familiar é definir uma política de distribuição de lucros desproporcional, a sociedade limitada mostra-se uma opção mais recomendada.

Por sinal, é bastante oportuno destacar que a Instrução Normativa n. 38/2017, DREI, conta com previsão específica a respeito do assunto, instituindo a chamada quota preferencial. Porém, o faz de maneira indireta, eis que não delimita especificamente a possibilidade e forma de instituição desse tipo de quota, mas admite que as sociedades limitadas que contêm com essa figura regem-se, implícita e subsidiariamente, pela LSA.

Contudo, a despeito da mencionada Instrução Normativa fazer referência à quota preferencial, não nos parece que tenha instituído uma modalidade estritamente similar ao que dispõe a Lei das Sociedades Anônimas. Isso porque, nos termos da referida norma, ação preferencial é aquela em que se estipula determinada restrição em prol do benefício de algum direito pertinente à prioridade na distribuição de dividendos, fixo ou mínimo ou no reembolso de capital.

Por essência, nas sociedades anônimas costuma-se retirar do preferencialista o direito de voto, conquanto não se pretende admitir qualquer possibilidade de influência nas atividades da sociedade por este acionista, tido, na maioria das vezes, como investidor, ou, no caso de Protocolo Familiar, por alguém que irá apenas usufruir dos lucros da empresa por participar da família.

Entretanto, no âmbito das sociedades limitadas, *a priori*, não se permite limitação ao exercício do voto, pois, além de já ser ínsito à sociedade limitada a possibilidade de participação diferenciada nos lucros (isso em relação ao capital social), o direito de voto, ao menos nas matérias que se adota como quórum o capital social, é inafastável. Acerca da temática esclarece Waldo Fazzio Junior:

> Há, ainda, o direito de votar nas deliberações sociais, que é nuclear nas sociedades de pessoas (art. 1.010 do CC de 2002). Se nas sociedades *intuitu personae* as alternativas decorrem da vontade dos sócios, o voto é instrumento por excelência da manifestação daquela.[117]

Não obstante, não é necessário se valer de disposições aplicáveis às sociedades simples (art. 1.010, CC) para se concluir que voto, nas matérias que se exige quórum de acordo com o capital social, é direito essencial, mesmo porque diriam alguns que a sociedade pode ter optado ser regida subsidiariamente pela LSA e não dispositivos afetos às sociedades simples, o que afastaria a utilização de tal artigo, entendimento com o qual não compactuamos, mas que pode ser utilizado como exercício de reflexão.

Nesse caso, quando se analisam as previsões específicas do Código Civil sobre as sociedades limitadas nota-se a existência de matérias, em especial art. 1.076, que dependem de deliberação dos sócios de acordo com o capital, sem possibilidade de excepcionar este direito.

No tangente ao acordo de quotistas, é certo que o Código Civil também peca por omissão, sendo que o Projeto de Código Comercial[118], a despeito de expressamente autorizar e possibilitar tal ajuste entre sócios, não é feliz em regulamentar a questão. Veja-se: "Art. 185. Sócios podem celebrar acordo de quotistas, mas será ineficaz, em relação a terceiros ou à sociedade, qualquer cláusula contrária ao contrato social".

Como se pode ver, a questão continua obscura no Projeto de Código Comercial, eis que, ao contrário da previsão inserta na LSA, por exemplo, que previamente define conteúdo, forma e modalidades de execução do acordo de acionistas, apenas se autoriza sua elaboração, o que até então já ocorre, dada a ausência de vedação do Código Civil.

Noutro vértice, a legislação atual é silente sobre a vinculação do documento à sociedade e terceiros, sendo que para se lograr tal possibili-

---

[117] FAZZIO, Waldo Junior. **Sociedades Limitadas**. São Paulo: Atlas, 2007, p. 149.
[118] PL 1572, 2011.

LEGALIDADE, EFICÁCIA E IMPLICAÇÕES SOCIETÁRIAS DO PROTOCOLO FAMILIAR

dade hoje em dia, sem maiores questionamentos, é necessário constar a sociedade como anuente, arquivar na Junta Comercial o acordo e fazer menção à sua existência no contrato social. Veja-se o que esclarece Marcel Gomes Bragança Retto sobre o assunto:

> São dois, assim, os efeitos que podem surtir os acordos: o primeiro, em relação à sociedade; o segundo, em relação a terceiros. Com o arquivamento do acordo na sede da limitada e registro na Junta Comercial, bem como registro no Cartório de Títulos e Documentos (art. 221 do Código 2002), efeitos serão gerados em relação à sociedade e terceiros.[119]

Em complemento, defende Erick Corvo:

> 7.4 Independentemente do objeto, os acordos de sócios (válidos) de sociedade limitadas regidas supletivamente pela Lei das Sociedade por Ações serão prontamente eficazes em relação às partes, independentemente de formalidades adicionais, e estarão sujeitos à disciplina dos acordos de acionistas. Assim, as disposições desses acordos de sócios a respeito de transferência de quotas, preferência para adquiri-las, exercício do direito de voto ou do poder de controle serão eficazes em relação à sociedade desde que o acordo esteja arquivado em sua sede e, em relação a terceiro contanto que lhes tenha sido conferida publicidade por meio de registro no Registro Mercantil. Ainda, desde que cumpridas essas formalidades, tais acordos de sócios farão jus aos mecanismos de tutela de interesses de seus signatários previstos na Lei das Sociedades por Ações.[120]

Outrossim, o acordo de quotistas é um excelente contraponto ao Pacto Familiar, pois visa regular a gestão, bem como a propriedade, aspecto também tratado no Protocolo, sendo esses documentos essenciais e complementares para a atividade da empresa familiar.

No ponto, destaca-se que o Protocolo Familiar deve levar em consideração as características gerais acima destacadas caso a sociedade

---

[119] Retto, Marcel Gomes Bragança. Sociedade Limitadas. Barueri: Manole, 2007, p. 176/177.
[120] Corvo, Erick. Acordos de sócios de sociedades limitadas à luz do Código Civil de 2002. In: Adamek, Marcelo Vieira Von (coord.). **Temas de Direito Societário e Empresarial Contemporâneos**, São Paulo: Malheiros, 2011.

familiar se revista da forma limitada, sob pena de se tornar letra morta naquilo que influi sobre a atividade social.

Em suma, são estes os aspectos primordiais de uma sociedade limitada, valendo analisar a sociedade anônima e suas distinções no tocante à modalidade societária supra, de forma a entender suas características gerais para eleger a estrutura mais compatível com o definido no Protocolo Familiar.

3.6.1.2 Sociedade Anônima

Em contraponto à sociedade limitada, existe a sociedade anônima com capital social dividido em ações, com ou sem valor nominal, sendo que seus sócios respondem nos limites das ações por eles subscritas, ainda que não haja integralização total do capital social.

No caso de aporte de bens na sociedade, quem os aportou responde como se vendedor do bem fosse, sendo que subscritor e avaliador são imputáveis por perdas e danos caso tenham agido de má-fé ou com dolo ou culpa no momento da avaliação.

Ainda quanto à obrigação de contribuir com o capital social, a sociedade anônima possui a figura do acionista remisso, isto é, sócio que não honra com as obrigações de integralização definidas no estatuto ou em boletim de subscrição ou em chamada de capital, hipótese esta em que o estatuto ou boletim são omissos quanto ao montante da prestação e ao prazo ou data do pagamento. Para suprir a lacuna de tais documentos, os órgãos de administração publicam avisos na imprensa por ao menos três vezes e concedem um prazo mínimo de trinta dias para integralização.

Nesse caso, quando verificada a mora do acionista, a companhia irá definir entre: (i) promover contra o acionista e seus garantidores execução de valores, dessa feita acrescido de correção, juros e multa que o estatuto fixar; (ii) mandar vender as ações em bolsa de valores por conta e risco do acionista, o que ocorre por meio de leilão, mesmo que a sociedade anônima seja de capital fechado; ou (iii), em caso de impossibilidade de efetivação das medidas anteriormente descritas, a companhia irá declarar as ações caducas e tomar para si tais títulos, integralizando-os com lucros e reservas. Mas, caso não tenha lucros ou reservas, terá um ano para colocar as ações em comisso, sendo que se não houver encontrado comprador o capital social será reduzido.

LEGALIDADE, EFICÁCIA E IMPLICAÇÕES SOCIETÁRIAS DO PROTOCOLO FAMILIAR

No tangente à penhora de ações, a depender da modalidade de companhia, isto é, se de capital aberto ou fechado, a efetivação da penhora se dá de maneira distinta. No caso de sociedade anônima fechada a penhora se efetiva da mesma forma descrita acima para sociedades limitadas. Porém, se for companhia com capital aberto haverá adjudicação de ações ao exequente ou alienação das ações em bolsa, conforme o caso.

Ademais, *a priori*, a alienação das ações e seu registro obedecem a procedimentos que independem de arquivamento na Junta Comercial, já que tudo é anotado no livro de registro de ações, o que torna o processo bem mais ágil. Por sinal, a ausência da obrigação de arquivamento na Junta Comercial facilita a aplicação de mecanismos de resolução de conflito entre os sócios (*deadlock provisions*).

Isso porque, ao se fazer menção a alguma forma de resolução de conflitos no Pacto Familiar, por exemplo, o que pode e deve ser reproduzido no acordo de sócios, com a devida regulamentação e forma de exercício, a solução não precisa necessariamente, dependendo do que for ajustado, passar pelo arquivamento na Junta Comercial, que, muitas vezes, extrapola seu poder meramente registrário e faz exigências adicionais.

Além disso, para que se tenha a maioria na sociedade anônima, inconteste e independentemente de acordo de acionistas ou do caráter pulverizado da sociedade, é necessário que se tenha 50% + 1 (cinquenta por cento mais uma) das ações com poder de voto, quórum, portanto, inferior ao da sociedade limitada para se ter o comando. Obviamente que isso considerando que as sociedades familiares estão no poder.

No que se refere à realização de assembleias, as sociedades anônimas possuem regras mais rígidas do que as sociedades limitadas, inclusive no tocante à publicação de atos societários, *in casu*, balanços e atas de eleição, sendo que sociedades com patrimônio líquido de até um milhão de reais restam dispensadas de realizar esta publicação. Outrossim, a publicação da convocação com a ordem do dia é de rigor, bem como a observância de normas de instalação.

Não obstante, os livros obrigatórios das sociedades anônimas são em maior número, de modo que podem ser elencados os seguintes: Registro de Ações Nominativas, Transferência de Ações Nominativas, Atas de Assembleias Gerais, Presença de Acionistas, Atas do Conselho de Administração (se houver), Atas de Reunião da Diretoria, Atas e Pareceres do Conselho Fiscal.

A administração da companhia possui caráter dualista facultativo, isto é, pode ser realizada apenas pela diretoria ou pode ser composta por ela e pelo conselho de administração. Acerca do caráter dos sistemas de administração existentes nas companhias esclarecem Anna Beatriz Alves Margoni e Susana Amaral Silveira:

> No sistema unitário, a administração é concentrada em um único órgão, cujos membros são nomeados pela Assembleia Geral. Este único órgão pode ser um corpo de executivos ou um órgão colegiado. Quando se tratar de órgão colegiado, este delega poderes a executivos contratados.
>
> No sistema bipartido, em contrapartida, existem dois órgãos de administração, necessários e permanentes, com atribuições distintas, previstas em lei.[121]

Nota-se, portanto, que o Brasil institui regime de administração em caráter dualista de modo facultativo, conquanto o conselho de administração só é obrigatório em sociedades de capital aberto ou autorizado pelo Estado.

Assim, o conselho de administração mostra-se como o foro adequado para discutir questões afetas à sociedade em si, lembrando que possui caráter deliberativo, de forma que compete à diretoria representar a sociedade e tomar atos ligados à atividade social no seu dia a dia.

Igualmente, as matérias de competência do conselho de administração não admitem delegação, respeitando-se, portanto, o princípio da indelegabilidade das funções, de sorte que matérias de cunho privativo, caso a sociedade opte pela existência do conselho de administração, *a piori*, não devem ser tratadas em Assembleia Geral, mas no âmbito de tal Conselho.

Lado outro, o conselho fiscal mostra-se obrigatório, mas seu funcionamento não precisa ser perene, podendo ser instalado caso haja solicitação de 0,1% (zero vírgula um por cento) das ações com direito a voto ou 5% (cinco por cento) das ações sem direito a voto na Assembleia Geral realizada.

---

[121] MARGONI, Ana Beatriz Alves e SILVEIRA, Susana Amaral. A administração das sociedades anônimas. In: FRANÇA, Erasmo Valladão Azevedo e Novaes (Coord.). **Direito societário contemporâneo I**. São Paulo: Quartier Latin, 2009, p. 334.

Outrossim, considerando o caráter *intuitu pecuniae* das sociedades anônimas, as hipóteses de dissolução parcial (quebra do vínculo social) são mais restritas, havendo parte da doutrina que a admite apenas em caso de exercício de direto de recesso, nos termos do art. 137, LSA; já outra parte admite a dissolução parcial, inclusive, quando haja requerimento dos sócios, mormente quando, a depender da forma como uma sociedade fora estruturada, haja quebra da *affectio societatis*.

Por sinal, a dissolução parcial tem sido justamente reconhecida em sociedades anônimas familiares, hipóteses em que o caráter personalíssimo tem grande peso e impacto nas decisões, motivo pelo qual as relações sociais devem ser consideradas e sopesadas. Sobre o tema, o Superior Tribunal de Justiça inclusive já se manifestou de maneira favorável à dissolução parcial da sociedade anônima de cunho familiar[122].

Nessa linha, percebe-se que o rompimento do vínculo social é mais restrito em sociedade anônimas, sem prejuízo do fato de que possui ampla circularidade, pois, a menos que os sócios disponham de forma distinta, as ações podem ser livremente alienadas, tanto para acionistas como terceiros.

Quanto à apuração de haveres em sociedades anônimas, especialmente em caso de rompimento do elo social por vontade do sócio, o que, por previsão legal, se dá no exercício do direito de retirada, leva-se

---

[122] EMPRESARIAL. SOCIEDADE ANÔNIMA FECHADA. CUNHO FAMILIAR. DISSOLUÇÃO. FUNDAMENTO NA QUEBRA DA AFFECTIO SOCIETATIS. POSSIBILIDADE. DEVIDO PROCESSO LEGAL. NECESSIDADE DE OPORTUNIZAR A PARTICIPAÇÃO DE TODOS OS SÓCIOS. CITAÇÃO INEXISTENTE. NULIDADE DA SENTENÇA RECONHECIDA.
1. Admite-se dissolução de sociedade anônima fechada de cunho familiar quando houver a quebra da affectio societatis.
2. A dissolução parcial deve prevalecer, sempre que possível, frente à pretensão de dissolução total, em homenagem à adoção do princípio da preservação da empresa, corolário do postulado de sua função social.
3. Para formação do livre convencimento motivado acerca da inviabilidade de manutenção da empresa dissolvenda, em decorrência de quebra do liame subjetivo dos sócios, é imprescindível a citação de cada um dos acionistas, em observância ao devido processo legal substancial.
4. Recurso especial não provido.
(REsp 1303284/PR, Rel. Ministra NANCY ANDRIGHI, TERCEIRA TURMA, julgado em 16/04/2013, DJe 13/05/2013).

em consideração o caráter patrimonial, ou, se o estatuto assim prever, valor econômico.

Acerca da forma de apuração do valor econômico, descrevem Marcelo Fernandez Trindade e Thiago Saddi Tannous:

> Em geral, as avaliações de valor econômico são feitas por dois grandes métodos: o do *fluxo de caixa descontado* – que apura o valor presente do fluxo projetado de recursos a ser gerado pela empresa no futuro; e o de *múltiplos*, seja de valor de bolsa, seja de transações recentes – que em primeiro lugar apura o resultado da empresa (por exemplo, apurando o seu EBITDA ou os lucros a distribuir) e em seguida aplica ao EBITDA ou ao lucro o múltiplo pelos quais empresas do mesmo ramo são negociadas em bolsa de valores ou foram negociadas em transações privadas recentes.[123]

De outra banda, no tocante à distribuição de lucros, necessariamente, deve obedecer à participação social, diferente das limitadas, o que pode ser um complicador no momento de execução de alguma disposição do Pacto Familiar quanto à distribuição de dividendos desproporcionais entre pessoas da família, por exemplo. Vale dizer, uma política de dividendos desproporcional não pode ser realizada na sociedade anônima, o que deve ser levado em consideração ao eleger o modelo societário que irá ser utilizado pela família, bem como na confecção do Pacto Familiar.

Quando muito, a sociedade anônima admite a figura do acionista detentor de ação preferencial, em que alguma vantagem, como dividendo mínimo ou fixo, é outorgada em detrimento de algum outro direito que lhe fora retirado ou diluído em contrapartida ao benefício concedido.

Por fim, vale destacar que o acordo de acionistas guarda previsão específica nas companhias, sendo inconteste a vinculação à sociedade e terceiros, caso cumpridos os requisitos necessários para tanto, isto é, arquivamento na sociedade e averbação no livro de ações, bem como temas descritos no *caput* do art. 118. Ademais, tal acordo conta com a possibilidade de execução específica extrajudicial, prevista nos §§8º e 9º do art. 118, LSA. Portanto, considerando que o acordo de acionistas, como se verá mais adiante, é um documento primordial em processo de orga-

---

[123] TRINDADE, Marcelo Fernandes e TANNOUS, Thiago Saddi. **O art. 1.031 do Código Civil e sua interpretação.** In: YARSHELL, Flávio Luiz e PEREIRA, Guilherme Setoguti J. (Coord.). **Processo Societário II.** São Paulo: Quartier Latin, 2015, p. 496.

LEGALIDADE, EFICÁCIA E IMPLICAÇÕES SOCIETÁRIAS DO PROTOCOLO FAMILIAR

nização societária, é certo que as previsões legais auxiliam na sua exequibilidade e força cogente, facilidade que não se encontra em uma sociedade limitada, por exemplo.

Em síntese, esses são os aspectos primordiais das companhias, resumidos no Anexo A, os quais também devem ser sopesados na compatibilização entre os desejos familiares expressos no Pacto e a realidade social, com vistas a proporcionar validade e eficácia de tal documento.

Diante das disposições acima, que tratam sobre o Protocolo Familiar e cada tipo societário ora explorado, incluindo suas diferenças e formas de tratamento, passa-se a discorrer a respeito da efetiva implicação do referido Pacto na realidade das sociedades brasileiras, notadamente Sociedades Limitadas e Anônimas.

4. Implicações societárias do protocolo familiar

Como visto, o Pacto Familiar constitui-se contrato atípico, sem regulamentação específica no Brasil, em que pese sua importância para resguardo do patrimônio familiar, especialmente acerca da manutenção da atividade empresarial ao longo do tempo, na transição de gerações, em que se tem uma zona de ruptura.

Nessa ordem de ideias, em termos de legalidade, imperioso que o Protocolo Familiar atenda a diversas diretrizes, fixadas pelo direito sucessório, familiar, regulatório, contratual e mesmo societário, eis que a observância destes garante a validade do Pacto. Por sua vez, a eficácia, no que pertine à sociedade sobre a qual a família exerce poder de controle, é alcançada por meio de alguns ajustes e complementações em atos constitutivos, acordo de sócios, regimentos e códigos de conduta, principalmente para que possam atingir terceiros que não fazem parte do núcleo familiar e, por conseguinte, não são signatários do Pacto.

Logo, a despeito de tal documento regulamentar questões afetas à família e, via transversa, sua respectiva propriedade, traz, sem sombra de dúvidas, diversas consequências para o seio da sociedade, as quais devem ser consideradas e adaptadas de forma casuística, conforme legislação vigente.

Em termos gerais, as principais repercussões do Protocolo Familiar sobre a atividade social encontram-se estabelecidas em sete pontos fundamentais, que se espraiam sobre atos constitutivos, acordo de sócios, códigos e regimentos, a ver: (i) participações societárias e transferência a terceiros; (ii) administração e suas facetas; (iii) órgãos de fiscalização e controle; (iv) dissolução parcial e apuração de haveres; (v) contratação com partes relacionadas; (vi) formas de resolução de disputas; e (vii) distribuição e política de dividendos e pró-labore.

Desse modo, cumpre avaliar, de modo geral, as principais previsões que costumam ser inseridas nesse Pacto e os impactos disso sobre a realidade social com vistas a se alcançar a legalidade e eficácia almejadas ao tempo da elaboração do Protocolo.

4.1 Relevância do direito societário

A inclusão de cláusulas e condições no Protocolo Familiar no que tange à sociedade familiar deve levar em conta três critérios essenciais: (i) relevância e importância do tema para a família; (ii) compatibilização e harmonização da previsão com a modalidade societária eleita para explorar a atividade empresarial; e (iii) efetivação do previsto, com os devidos ajustes nos documentos e rotinas sociais.

Em vista disto, é oportuno rememorar que o direito societário se reveste de um importante meio com regras pré-definidas sobre estruturação e organização social, o que o direito de família não faz, por manifesta impossibilidade de se albergar a imensa gama de situações envolvendo tal Instituto.

Nessa linha, o direito societário regula os meandros da relação social, sendo daí que surge sua eficácia e relevância quando se trata de sociedades de cunho familiar.

Inclusive, ao tratar sobre os fundamentos do direito societário, Herbert Wiedemann destaca a essência de tal ramo jurídico, a qual norteia todo o presente trabalho, pois, ao fim e ao cabo, o que realmente se busca regular é a relação entre pessoas para um fim comum, denominado lucro. Veja o que esclarece o renomado autor, traduzido pelo Professor Erasmo Valladão:

> A situação da vida que o direito societário regula, em primeira linha, é a comunidade de pessoas que se associaram para atingir um fim comum. Tarefa do direito societário, para as associações *[Vereinigung]* privadas, é a de desenvolver regras de conduta justas e adequadas.
>
> Se se questionar mais de perto acerca do conteúdo da necessárias normas societárias, salientam-se – abstraída a constituição e a dissolução – três

áreas para as quais o legislador e, complementarmente, os próprios membros devem atentar: a determinação da finalidade, *[Zweckbestimmung]* a organização e o *status socii, [Mitgliederstatus]* A cláusula do objeto ou *cláusula da finalidade [Zweckklausel]* dos estatutos constitui a "estrela polar" do universo societário, pela qual todos os órgãos e membros devem se orientar.[124]

Ainda sobre o papel do direito societário e sua capacidade de proporcionar a cultura do consenso, leciona André Antunes Soares de Camargo:

> O Direito Societário, como instrumento de promoção de desenvolvimento econômico que é, não pode se furtar da regulação dos conflitos societários, fornecendo mecanismos adequados para que eles sejam resolvidos *interna corporis*, minimizando os chamados "problemas de agência". Desde os processos de constituição, funcionamento e extinção das sociedades, referido ramo do direito deve fornecer soluções internas e rápidas para lidar com esses inevitáveis embates, considerando eventuais relações de poder e de oportunismo que possam surgir no ambiente societário.[125]

A relevância do direito societário, portanto, está em aproximar o Direito da Economia, estabelecendo regras e formas de atuação, que desencadeiem a longevidade da atividade empresarial desempenhada.

Sob essa lógica, os Pactos Familiares podem e devem contar com as seguintes menções aptas a induzir a continuidade da atividade empresarial: valores e princípios da empresa; funções dos membros da família no âmbito empresarial; órgãos de gestão; formas de solução de conflitos; vinculação e desvinculação dos membros da família na empresa; plano de retirada do fundador ou principal condutor da empresa e definição de seu sucessor.[126]

---

[124] FRANÇA, Erasmo Valladão Azevedo Novaes. **Temas de direito societário, falimentar e teoria da empresa.** São Paulo: Malheiros, 2009, p. 626-627.

[125] CAMARGO, André Antunes Soares. A Assembleia Geral: melhor forma de solução de conflitos societários? In: YARSHELL, Flávio Luiz e PEREIRA, Guilherme Setoguti J. (Coord.). **Processo Societário II.** São Paulo: Quartier Latin, 2015, p. 48 -49.

[126] IRIGOYEN, Maria Susana Sosa. El protocolo de empresa familiar: Antecedentes e bases para sua redacción. In: DUBOIS, Eduardo M. Favier (Coord.). **La empresa familiar: Encuadre general, marco legal e instrumenctación.** Buenos Aires: Ad-Goc, 2010, p. 272. Apud. FERES, Marcelo Andrade. Protocolo ou pacto de família: a estabilização das relações e ex-

LEGALIDADE, EFICÁCIA E IMPLICAÇÕES SOCIETÁRIAS DO PROTOCOLO FAMILIAR

Tais assuntos repercutem sobre a organização social, conforme expõem Tomás Palácios, Hernandez Remedios e Cristina Iglesias:

Entre as cláusulas que podem ser incluídas no Estatuto Social para incorporar alguns dos pactos estabelecidos no Protocolo, destacam-se: 1. Cláusulas referentes ao controle de acesso ao corpo administrativo da empresa. 2. Cláusulas de controle de acesso aos cargos do Conselho de Administração da empresa. 3. Cláusula de reforço dos quóruns da Assembleia Geral e do Conselho de Administração. 4. Cláusulas que restringem ou limitam a transferência de ações ou ações e a possibilidade de emissão de ações sem direito a voto. 5. Cláusulas que modulam os direitos de usufruto e uso de ações da empresa. 6. Cláusulas que permitem a emissão de ações sem direito a voto (Tradução da Autora)[127-128]

Diante disso, compete avaliar os ajustes necessários nos atos constitutivos e acordos de sócios, bem como os efeitos concretos e específicos sobre Assembleia, eleição de administradores, contratação com terceiros, trava de livre transferência de participações societárias e política de dividendos, isso tudo aplicado às sociedades limitadas e anônimas, já que o objetivo de se editar tal Pacto é que ele alcance o fim idealizado.

4.2 Ajustes nos atos constitutivos

Os atos constitutivos das sociedades são o que lhe dão os contornos e diretrizes gerais sobre exercício da administração e composição dos

---

pectativas na empresa familiar. In: COELHO, Fabio Ulhoa; FÉRES, Marcelo Andrade (Coord.). **Empresa familiar: estudos jurídicos**. São Paulo: Saraiva, 2014, p. 342,

[127] PALACIOS, Tomás M. Bañegil; LINARES, Remedios Hernández; IGLESIAS, Cristina Barriuso. El protocolo familiar y sus instrumentos de desarrollo en las empresas familiares de extremadura. **TMStudies**, Faro, n. 8, p. 139-150, 2012. Disponível em <http://www.scielo.mec.pt/scielo.php?script=sci_arttext&pid=S2182-84582012000100015&lng=en&nrm=iso>. Acesso em: 27 Fev. 2017.

[128] Entre las cláusulas que se pueden incluir en los Estatutos Sociales para incorporar algunos de los pactos establecidos en el Protocolo caben destacar: 1. Cláusulas referentes al control de acceso al órgano de administración de la sociedad. 2. Cláusulas de control de acceso a los puestos del Consejo de Administración de la sociedad. 3. Cláusulas de reforzamiento de quórums de la Junta General y del Consejo de Administración. 4. Cláusulas que restrinjan o limiten la transmisión de acciones o participaciones sociales y la posibilidad de emitir acciones sin voto. 5. Cláusulas que modulen los derechos de usufructo y de prenda sobre acciones o participaciones sociales de la empresa. 6. Cláusulas que permitan emitir acciones sin voto.

órgãos responsáveis por sua condução (diretoria, conselho de administração), definição de parâmetros para assembleia/reunião de sócios, incluindo quórum e forma de composição, bem como regras para a rotina da sociedade.

Por seu turno, em termos do que irá repercutir sobre os atos constitutivos, costuma-se prever nos Protocolos Familiares: a forma de composição e estruturação dos órgãos de administração da sociedade; meios de acompanhamento e fiscalização das atividades desenvolvidas pela administração; quem fará jus a dividendos e participações sociais, o que indica a necessidade ou não de distribuição desproporcional de lucros e sua efetivação; se o exercício do direito de voto será abrangente a todos os acionistas ou restrito a uma categoria específica[129]; quóruns diferenciados de votação; hipóteses em que haverá ou não exclusão de um sócio por prática de ato grave ou mesmo exercício do direito de retirada; restrições à circulação de participações sociais etc.

Estes são aspectos, portanto, que devem estar refletidos no contrato ou estatuto social, mesmo porque alguns desses itens precisam ser de conhecimento e vinculação de terceiros, lembrando que a combinação de cada um deve ser compatível com a modalidade societária eleita, sob pena de a previsão se tornar inócua por impossibilidade de execução.

Nessa ordem de ideias, impende agora avaliar as diferenças e os impactos sobre contratos e estatutos sociais a fim de se efetivar disposições do Protocolo Familiar, para que não se torne letra morta.

4.2.1 Cláusulas essenciais em contrato/estatuto social

Como sabido, os contratos sociais são a coluna vertebral das sociedades limitadas, sendo que, de forma geral, observadas certas particularidades, a sociedade limitada deve conter em seu contrato social os seguintes elementos obrigatórios, conforme Código Civil:

Art. 997. A sociedade constitui-se mediante contrato escrito, particular ou público, que, além de cláusulas estipuladas pelas partes, mencionará:

---

[129] A nomenclatura acionistas é proposital, já que entendemos ser o voto direito essencial do sócio de sociedade limitada, de sorte que não seria possível criar uma categoria diferenciada de quota, capaz de retirar do quotista tal garantia essencial.

I – nome, nacionalidade, estado civil, profissão e residência dos sócios, se pessoas naturais, e a firma ou a denominação, nacionalidade e sede dos sócios, se jurídicas;

II – denominação, objeto, sede e prazo da sociedade;

III – capital da sociedade, expresso em moeda corrente, podendo compreender qualquer espécie de bens, suscetíveis de avaliação pecuniária;

IV – a quota de cada sócio no capital social, e o modo de realizá-la;

V – as prestações a que se obriga o sócio, cuja contribuição consista em serviços;

VI – as pessoas naturais incumbidas da administração da sociedade, e seus poderes e atribuições;

VII – a participação de cada sócio nos lucros e nas perdas;

VIII – se os sócios respondem, ou não, subsidiariamente, pelas obrigações sociais.

Parágrafo único. É ineficaz em relação a terceiros qualquer pacto separado, contrário ao disposto no instrumento do contrato.

Nesse contexto, guardadas as devidas proporções para as sociedades limitadas, eis que a disposição legal acima está inserida no Capítulo pertinente às sociedades simples, bem como nos termos do Anexo II da Instrução Normativa n. 38/2017 do DREI, Manual de Registro das Sociedades Limitadas, os atos constitutivos destas sociedades devem contar com as seguintes previsões: nome empresarial, capital social, sede, objeto social, prazo de duração da sociedade, data de encerramento do exercício social, pessoas a quem incumbe sua administração, sendo que a nomeação pode se dar em ato separado, participação dos sócios nos lucros e nas perdas e foro.

Outrossim, a despeito de não ser elemento obrigatório para constar no contrato social, é certo que, na hipótese de existir acordo de quotistas, recomendável em sociedades empresárias familiares (comentários mais adiante), o contrato deve conter cláusula específica sobre a existência e vinculação a este acordo. Isso para garantir seu fiel cumprimento por todos, administradores, quotistas e *stakeholders*.

Por seu turno, a sociedade anônima, em seu estatuto, deve contar com as seguintes previsões, nos termos da Lei n. 6.404/76:

IMPLICAÇÕES SOCIETÁRIAS DO PROTOCOLO FAMILIAR

Art. 83. O projeto de estatuto deverá satisfazer a todos os requisitos exigidos para os contratos das sociedades mercantis em geral e aos peculiares às companhias, e conterá as normas pelas quais se regerá a companhia.

De forma sintética, o estatuto deverá conter, na mesma linha que o contrato social, a denominação, objeto, capital social e sua divisão em ações ordinárias ou preferenciais, com ou sem valor nominal, forma de administração e seu caráter unitário ou dual (diretoria e conselho de administração), bem como as características inerentes aos órgãos de administração, existência permanente ou não do conselho fiscal, período do exercício social e eventual aumento de quórum de deliberações, bem como vantagens e restrições das ações preferenciais.

Ao comentar sobre os elementos mínimos do estatuto, Modesto Carvalhosa destaca:

> Em nosso direito, o estatuto contém as regras essenciais (organizacionais) da companhia, além daquelas que eventualmente regulam a relação entre os sócios, ou seja, os pactos parassociais (arts. 36, 109, 118). As regras estatutárias são fundamentais, por definirem a organização da pessoa jurídica, por meio das declarações de nome, sede e duração, bem como a representação formal de seu patrimônio, pelo capital e pelas espécies e classes de ações em que ele se divide, além da conformação de seus órgãos sociais de deliberação, de representação e de fiscalização, estabelecendo, ainda, as relações entre sócios, no que concerne à partição dos lucros e às hipóteses de liquidação da companhia.[130]

Em caráter complementar, Nelson Eizirik leciona que:

> A Lei das S.A. não definiu o estatuto nem o distinguiu formalmente do ato constitutivo, limitando-se a estabelecer que deverá satisfazer a todos os requisitos exigidos para os contratos das sociedades em geral e aos peculiares às sociedades por ações.[131]

---

[130] CARVALHOSA, Modesto. **Comentários à Lei das Sociedade Anônimas**. 2º vol. São Paulo: Saraiva, 2013, p. 154-155.

[131] EIZIRIK, Nelson. **A Lei das S/A Comentada**. 2ª ed. Vol. II. São Paulo: Quartier Latin, 2015, p. 41.

Continua Nelson Eizirik definindo, também, a possibilidade de se complementar os elementos básicos estatutários:

> O estatuto não pode alterar normas obrigatórias previstas na Lei das S.A., nem limitar ou privar seus acionistas de seus direitos essenciais (artigo 109). Poderá, no entanto, estabelecer, adicionalmente, outras cláusulas – facultativas –, desde que não sejam contrárias à lei e às normas regulamentares do Registro Público de Empresas Mercantis e da Comissão de Valores Mobiliários, no caso de companhias abertas (...).[132]

Como se pode observar, seja nas sociedades limitadas ou anônimas, o ato constitutivo é que fornece as diretrizes gerais da sociedade, bem como os limites de atuação de seus sócios, administradores e eventualmente terceiros com quem mantenha uma relação. Daí porque, a depender da previsão inserta no Protocolo Familiar, tal influenciará direta e inexoravelmente na condução dos negócios sociais e, por conseguinte, no contrato/estatuto social.

Portanto, a preocupação que se deve ter em tais documentos é que reflita as principais previsões que obriguem terceiros, bem como que necessariamente precisam ser de conhecimento público, em especial do mercado, que necessita saber objeto contratual, capital social, regras sobre administração e limites de contratação desta, dentre outras questões a seguir exploradas pormenorizadamente.

4.2.2 Objeto e capital social

No que tange ao objeto social é necessário que o mesmo seja compatível com a atividade desenvolvida, racionalizando-se o uso para que não contenha assuntos estranhos ao que efetivamente se desenvolve na sociedade.

Inclusive, a depender da estrutura social é interessante que se segreguem as atividades desenvolvidas com vistas a não se cumular tudo em uma sociedade mãe ou guarda-chuva, que tem em si fixadas diversas possibilidades.

---

[132] EIZIRIK, Nelson. **A Lei das S/A Comentada**. 2ª ed. Vol. II. São Paulo: Quartier Latin, 2015, p. 42.

Isso porque, uma atividade menos exposta a riscos, por exemplo, com bom retorno financeiro, pode ser contaminada por outra que não tenha uma *performance* tão boa assim, minorando, como visto, o objeto fim de toda sociedade, que é o lucro. Vale dizer, em que pese se explorar ramos de negócios distintos, um acaba se misturando com o outro, de sorte que se um nicho de mercado não anda muito bem, pode acabar sendo financiado por outro que tem um ótimo rendimento, criando-se uma simbiose parasita pelo exercício de diferentes nichos de mercado dentro de uma mesma sociedade.

Sob outro viés, até no tangente a criação de economia tributária, pode ser que um ramo se adeque melhor ao lucro real e outro lucro presumido[133], por exemplo, trazendo uma economia a racionalização e segregação das atividades, com pagamento de tributos de acordo com cada atividade e realidade econômicas. Logo, a separação de objetos sociais em sociedade distintas pode ser uma boa opção a depender do arranjo societário utilizado pelo grupo.

Além disso, cumpre destacar que há quem critique a arcaica utilização e designação das atividades que podem ser desenvolvidas pela sociedade, isto é, prévia definição de objeto social, pois, se a sociedade é empresária não haveria necessidade de se limitar a alguns objetos previamente designados, podendo explorar toda e qualquer atividade de produção ou circulação de mercadoria e serviços.

Sob outra perspectiva, também com elevado grau de importância, surge o capital social, uma vez que define o limite de responsabilidade dos sócios (valor subscrito a ser integralizado), e, em contrapartida, a capacidade econômica de uma sociedade e o quanto é ou não alavan-

---

[133] "Para as empresas que adotam o regime do Lucro Presumido, a apuração do IRPJ e da CSL tem por base de cálculo uma margem de lucro pré-fixada pela legislação, de acordo com a atividade da empresa. Nesse caso, fica dispensado o cálculo do lucro efetivamente auferido em sua atividade, exceto o derivado de situações específicas (ex.: ganho de capital, ganhos com aplicações financeiras etc.)" e "De outra forma, se optar pelo regime do Lucro Real, o empreendedor deverá calcular o IRPJ e a CSL sobre o lucro efetivamente auferido (com os ajustes – adições, exclusões e compensações – previstos na legislação). Nesse caso, não havendo uma margem de lucro presumida, se a empresa apurar prejuízos ao longo do ano, ficará dispensada do recolhimento desses tributos". In: Lucro real ou presumido: qual o melhor? Sebrae, 26 ago. 2016. Disponível em: http://www.sebrae.com.br/sites/PortalSebrae/artigos/lucro-real-ou-presumido-qual-o-melhor,fac8a0b77d29e410VgnVCM1000003b74010aRCRD. Acesso em: 19.01.2018.

cada, isto é, se costuma pegar recursos dos próprios sócios (incluindo mercado de capitais) para desenvolver sua atividade social ou no mercado financeiro.

Inclusive, a questão afeta à necessidade de aportes ou investimentos por parte dos sócios é algo a ser muito bem estruturado, dessa feita no âmbito de acordos parassociais, a fim de se terem sócios excluídos ou diluídos por não cumprirem com suas obrigações sociais.

O capital social é responsável por definir a participação e posição de cada sócio na sociedade, conforme explica Marina Copola:

> Historicamente, porém, ao capital social também têm sido atribuídas importantes funções fundacionais e organizacionais. A despeito de algumas variações conceituais, a doutrina usualmente confere ao capital social dos papeis relevantes no âmbito interno das sociedades, os quais são chamados aqui de *função de atribuição da qualidade de sócio* e de *função de determinação da posição jurídica*.
>
> A função de atribuição da qualidade de sócio advêm do reconhecimento de que o status socii em uma sociedade de capitais pertence aos indivíduos que detêm uma participação no montante de capital social, obtida por meio de um aporte realizado nos termos da lei.(...)
>
> Já, a função de determinação da posição jurídica do sócio liga-se aos efeitos daquela participação. Por *posição jurídica de sócio* refere-se, de forma ampla, ao espectro de direitos e deveres atribuídos a cada indivíduo por conta de sua qualidade de acionista, mensurados pela divisão do capital social pelo número de ações[134].

Daí se infere a importância da determinação do capital social sobre a sociedade empresária familiar, uma vez que será determinante para estabelecer a participação e a posição de cada parente, isso tudo, obviamente, já permeado pelo plano de sucessão fixado no Protocolo Familiar, que, como não poderia ser diferente, reflete-se nos atos constitutivos e acordos parassociais.

Ademais, critérios e previsões acerca de aumento ou redução de capital social, obviamente observados os limites legais, devem estar

---

[134] Copola, Marina Palma. **O capital social como instrumento de proteção dos credores na Lei 6.404/76**. In: França, Erasmo Valladão Azevedo e Novaes (Coord.). **Direito societário contemporâneo II**. São Paulo: Malheiros, 2015.

IMPLICAÇÕES SOCIETÁRIAS DO PROTOCOLO FAMILIAR

refletidos nos atos constitutivos, tanto para garantir a relação e obrigações *interna corporis*, como da sociedade com terceiros, sendo considerado uma garantia a credores, que não podem contar com a responsabilização dos sócios nos casos em que contratam com limitadas ou anônimas, por exemplo.

Portanto, o capital social e sua efetiva relação com a sociedade e os poderes dele decorrentes por força de quem o detém são questões que, por via oblíqua, repercutem sobre a sociedade em vista de previsões do Pacto Familiar, devendo ter regramento claro.

4.2.3 Administração da sociedade

No que tange especificamente à administração da sociedade, é necessário que tanto no estatuto, como no contrato social sejam definidas as bases para tanto, isto é, se a administração será dual, por meio de uma diretoria e conselho de administração ou se apenas pela diretoria.

Nesse particular, convém rememorar que o DREI editou a Instrução 38/2017, sendo que em seu Anexo II expressamente admite a adoção de conselho de administração em sociedade limitada, o que, *a priori*, fornece maior segurança jurídica no estabelecimento deste instituto em limitadas, eis que diversas Juntas Comerciais no país não admitiam esse tipo de instituto nas sociedades contratuais com fins deliberativos, pois tal competiria à Assembleia ou mesmo administradores.

No âmbito da diretoria é necessário definir como e em que medidas as decisões serão isoladas ou conjuntamente tomadas, bem como os poderes e funções de cada diretor, sendo que tudo deve estar claro e previsto no contrato ou estatuto social, mesmo porque terceiros precisam e devem ser cientificados dos poderes dos administradores para contratarem com a sociedade.

Logo, o ato constitutivo da sociedade deve ser preciso sobre os limites e poderes do administrador, sendo uma consequência bastante sensível do Protocolo Familiar, pois, ao se estabelecer no Pacto diretrizes no tocante à forma de atuação da família na condução da sociedade, acaba-se diretamente atingindo a propriedade e gestão, de sorte que o contrato/estatuto devem ser formatados de modo a atender o previamente ajustado pela família.

Inclusive, convém destacar que a questão da administração é ponto sensível para sociedades que possuem investidores ou sócios não integrantes da família, já que o aspecto da profissionalização queda ainda mais latente, conquanto estes sócios não pretendem admitir gestores pelo simples caráter consanguíneo, mas sim por sua competência e capacidade.

Por sinal, segundo pesquisa realizada pela KPMG[135] no Brasil, 51% (cinquenta e um por cento) das empresas familiares admitem não terem critérios mínimos para composição dos órgãos de administração, sendo certo que tais questões merecem e devem ser reforçadas, na medida do necessário, nos atos constitutivos, obedecidas as particularidades de cada modalidade social.

Sob esse aspecto, sociedades limitadas e anônimas não possuem diferenças significativas, mormente após a regulamentação acima referenciada do DREI.

Noutro giro, convém reforçar que a forma de representação da sociedade, especialmente a limitada, deve ser muito bem definida, eis que, no silêncio do contrato, presume-se que os administradores detêm poderes suficientes à prática de todo e qualquer ato inerente à atividade social.

Inclusive, para que se possa eventualmente arguir excessos e prática de atos incompatíveis com a atividade social pelos administradores das limitadas e assim aplicar a chamada teoria *ultra vires*, descrita no art. 1.015, parágrafo único, do CC[136], é importante que os limites de atuação dos gestores estejam devidamente arquivados no registro próprio, pois, se estiverem, a prova de extrapolação de poderes por parte do administrador é muito mais fácil de ser evidenciada. Tal teoria é bastante criticada pela doutrina[137], tendo em vista as exclusões de responsabilidade da sociedade que autoriza.

Sob a ótica das sociedades anônimas e sua administração, é esclarecedor o posicionamento de Ana Beatriz Margoni e Susana Silveira:

---

[135] Retratos de Família: um panorama do histórico e perspectivas das Empresas Familiares brasileiras. Disponível em: https://assets.kpmg.com/content/dam/kpmg/pdf/2016/04/br--pesquisa-retratos-de-familia.pdf. Acesso em 12 jan. 2018.

[136] Parágrafo único. O excesso por parte dos administradores somente pode ser oposto a terceiros se ocorrer pelo menos uma das seguintes hipóteses:
I – se a limitação de poderes estiver inscrita ou averbada no registro próprio da sociedade;
II – provando-se que era conhecida do terceiro;
III – tratando-se de operação evidentemente estranha aos negócios da sociedade.

[137] Dentre os críticos encontram-se Rubens Requião e Alfredo de Assis Gonçalves Neto.

(...) a análise da administração das sociedades anônimas toma grande importância, na medida em que a estrutura e a composição da administração produzem efeitos não só na forma de condução dos negócios sociais da empresa, mas também no relacionamento desta com os acionistas, administradores e todos os demais terceiros que com ela se relacionam.[138]

Indo mais além, considerando uma sociedade de cunho familiar, essas regras é que dão a tônica de quem, como e de que forma os familiares exercerão sua influência sobre a sociedade, pois serão delineados os domínios de cada membro da administração, inclusive em momentos de se passar o comando da empresa. Tal questão, portanto, é significativa também sob o ponto de vista de sucessão, pois a forma como a sociedade foi pensada e estruturada irá permitir a adequação de mecanismos de sucessão empresarial, optando-se pelo mais compatível a cada caso concreto.

Nesse diapasão, as diretrizes sobre administração são uma extensão do Protocolo Familiar que serão diretamente vivenciadas pela empresa, sendo extremamente oportuna a coerência de previsões e disposições, isso para não se pôr a perder o objetivo do Pacto Familiar, que justamente tenciona equalizar entendimentos e com isso minimizar conflitos, tanto familiares como sociais.

Mas, de uma forma ou outra, o certo é que diretrizes previamente fixadas acerca da estrutura da administração, permitindo troca de ideias e formas de fiscalização, como é o papel do Conselho de Administração sobre a diretoria, tendem a ter melhores retornos.

Isso porque a criação do conselho de administração, sob a ótica da governança corporativa, evita vieses cognitivos e erros que muitas vezes são primários e não perceptíveis por diretores/administradores sobrecarregados com a rotina da empresa. Logo, é recomendável a utilização da administração dual em sociedades familiares, inclusive com a inserção de conselheiros independentes e estranhos ao seio familiar, pois podem ter percepções e definir diretrizes para além do núcleo parental, agregando valor e trazendo ganhos de mercado.

---

[138] MARGONI, Ana Beatriz Alves e SILVEIRA, Susana Amaral. A administração das sociedades anônimas. In: FRANÇA, Erasmo Valladão Azevedo e Novaes (Coord.). **Direito societário contemporâneo I**. São Paulo: Quartier Latin, 2009, p. 333.

LEGALIDADE, EFICÁCIA E IMPLICAÇÕES SOCIETÁRIAS DO PROTOCOLO FAMILIAR

Entretanto, caso os familiares sintam-se inseguros na utilização de pronto do Conselho de Administração, especialmente sociedade até então comandadas por líderes únicos (caso de fundadores) ou descendentes destes, é possível estabelecer uma fase de transição, com a utilização do conselho consultivo, conforme esclarece Richard Doern:

> O conselho consultivo oferece, para empresas não listadas, em especial as de estrutura administrativa mais enxuta, uma forma de incluir profissionais externos e qualificar as decisões com mais isenção, sem a responsabilidade exigida de administradores em conselhos estatutários formais. A priori, os conselheiros consultivos não votam nem agem legalmente como se um conselho de administração fossem, mas meramente oferecem um aconselhamento, que pode ser aceito ou rejeitado pelos administradores ou sócios da empresa.[139]

O Conselho Consultivo, portanto, funciona como um primeiro passo à adoção da administração dual, com o fito de que os familiares e sócios acostumem-se com a ideia de decisões colegiadas e colaborativas, permitindo um maior controle dos poderes quase que absolutos dos diretores/administradores quando a gestão é apenas deles.

Por oportuno, ao se definir a forma de administração da sociedade é pertinente observar a hierarquia e composição da sociedade familiar, isto é, se inserida ou não em um grupo de sociedades, normalmente grupo de fato, eis que a utilização da figura de grupo empresarial descrita na LSA[140] é rara, dadas as amarras que a criação do mesmo proporciona.

É, ainda, imprescindível a observância do papel e função de cada uma das sociedades componentes do grupo. Vale dizer, se o grupo conta

---

[139] DOERN, Richard. **O Conselho consultivo como transição para o mundo da governança corporativa** In: IBGC – Instituto Brasileiro de Governança Corporativa (Org.). **Governança Corporativa em Empresas Familiares**. São Paulo: Saint Paul, 2011, p. 162.

[140] Art. 265. A sociedade controladora e suas controladas podem constituir, nos termos deste Capítulo, grupo de sociedades, mediante convenção pela qual se obriguem a combinar recursos ou esforços para a realização dos respectivos objetos, ou a participar de atividades ou empreendimentos comuns.

§ 1º A sociedade controladora, ou de comando do grupo, deve ser brasileira, e exercer, direta ou indiretamente, e de modo permanente, o controle das sociedades filiadas, como titular de direitos de sócio ou acionista, ou mediante acordo com outros sócios ou acionistas.

§ 2º A participação recíproca das sociedades do grupo obedecerá ao disposto no artigo 244.

com sociedades operacionais, que efetivamente desenvolvem a atividade social, e uma *holding* controladora, de modo que as estruturas de organização e controle devem ser coordenadas e ajustadas nos atos constitutivos de ambas as formas de organização social utilizadas, isso tudo permeado pelas disposições do Protocolo Familiar.

Nesse particular, indispensável que a *holding* tome cuidados adicionais considerando seu poder de controle, dadas as limitações e exigências fixadas pelo art. 117 da Lei n. 6.404/76, sob pena de enfrentar problemas com sócios investidores ou mesmo que não façam parte da família ou, ainda, com a CVM, caso seja companhia com capital aberto, sujeitando-se, portanto, à investigação de tal Autarquia.

Inclusive, a CVM tem estado cada vez mais atenta aos movimentos dos controladores, bem como aplicado algumas sanções e punições aos casos em que entende estarem presentes abusos, o que corrobora nossas colocações no sentido da preocupação com diversos ramos do direito que se deve ter ao elaborar um Protocolo Familiar.

Ademais, a questão da sucessão empresarial é tema que deve estar ainda mais presente em companhias abertas, devendo-se tomar os cuidados e medidas necessárias para que não se caracterize mudança do poder de controle, o que, invariavelmente, acarreta a obrigação de realizar Oferta Pública de Ações – OPA (art. 254-A, LSA).

Destarte, a administração da sociedade é diretamente atingida pelo Pacto Familiar, devendo tal questão ser regrada no contrato/estatuto social.

4.2.4 Regulamentação dos órgãos de fiscalização

Igualmente relevante é a questão da fiscalização e monitoramento das atividades desenvolvidas pelos administradores, o que significa que poderá ser feito por meio do conselho de administração, quando se trata de analisar atos da diretoria, bem como conselho fiscal ou mesmo comitê de auditoria, especificamente criado para esta finalidade.

No caso das sociedades anônimas, o conselho fiscal já é obrigatório, em que pese seu funcionamento não necessariamente ser perene nas sociedades com capital fechado, sendo instaurado caso 0,1% (zero vírgula um por cento) das ações com direito a voto ou 5% (cinco por cento) das ações sem direito a voto assim requeiram em assembleia.

Por seu turno, em sociedades limitadas o funcionamento é facultativo, o que exige previsão específica no contrato social. Assim, se os sócios optarem por proporcionar seu funcionamento a depender do que restou combinado no Protocolo Familiar sobre acompanhamento e fiscalização das atividades empresariais, sua criação e previsão no ato constitutivo torna-se essencial.

Não obstante, a utilização desse mecanismo de controle e acompanhamento tão pouco valorizado e implementado nos dias de hoje pode ser uma forma bastante eficiente de conferir maior conforto àqueles membros da família que não desempenham nenhuma função de gestão, mas são sócios. Caso tais familiares fossem eleitos conselheiros, poderiam monitorar o trabalho desenvolvido, ainda que não estejam diretamente envolvidos na rotina da sociedade, seja porque não quiseram ou, mesmo porque, não se enquadram no perfil necessário para tal cargo.

Acerca do caráter do conselho fiscal destaca Modesto Carvalhosa:

> O Conselho Fiscal é, desse modo, o instrumento legal de exercício, pelos acionistas, do direito de fiscalizar a legalidade e a regularidade das contas da administração, cabendo-lhe ainda as funções de assessoramento, de instrução e de informação à Assembleia Geral.
>
> Deve o Conselho Fiscal prover os acionistas das informações de que necessitem para que possam votar nas assembleias gerais com conhecimento de causa, ou tomar as medidas cabíveis para a defesa do interesse social, no exercício do seu direito essencial de fiscalização dos negócios sociais (...).[141]

Em complemento ou mesmo em medida alternativa, é possível que a sociedade crie um comitê de auditoria e *compliance*, caso não deseje se utilizar da figura do conselho fiscal, mesmo porque a atuação deste último segue os parâmetros da Lei[142], havendo menos espaço para discricionariedade.

---

[141] CARVALHOSA, Modesto. Conselho Fiscal da sociedade holding. In: CARVALHOSA, Modesto e EIZIRIK, Nelson (coords.). **Estudos de Direito Empresarial**. São Paulo: Saraiva, 2010, p. 331.

[142] **Lei n. 6.404/76**:

Art. 163. Compete ao conselho fiscal:

I – fiscalizar, por qualquer de seus membros, os atos dos administradores e verificar o cumprimento dos seus deveres legais e estatutários;

O comitê de auditoria, por sua vez, prestaria informações, em nossa percepção, ao conselho de administração, quando a sociedade opta por uma administração dual, pois pode e deve dar uma visão mais ampla das atividades praticadas na rotina da sociedade, especialmente pela diretoria. Considerando que compete ao conselho de administração, por força do art. 142, inciso III da Lei n. 6.404/76, orientar e fiscalizar a atuação

II – opinar sobre o relatório anual da administração, fazendo constar do seu parecer as informações complementares que julgar necessárias ou úteis à deliberação da assembleia-geral;

III – opinar sobre as propostas dos órgãos da administração, a serem submetidas à assembleia-geral, relativas a modificação do capital social, emissão de debêntures ou bônus de subscrição, planos de investimento ou orçamentos de capital, distribuição de dividendos, transformação, incorporação, fusão ou cisão;

IV – denunciar, por qualquer de seus membros, aos órgãos de administração e, se estes não tomarem as providências necessárias para a proteção dos interesses da companhia, à assembleia-geral, os erros, fraudes ou crimes que descobrirem, e sugerir providências úteis à companhia;

V – convocar a assembleia-geral ordinária, se os órgãos da administração retardarem por mais de 1 (um) mês essa convocação, e a extraordinária, sempre que ocorrerem motivos graves ou urgentes, incluindo na agenda das assembleias as matérias que considerarem necessárias;

VI – analisar, ao menos trimestralmente, o balancete e demais demonstrações financeiras elaboradas periodicamente pela companhia;

VII – examinar as demonstrações financeiras do exercício social e sobre elas opinar;

VIII – exercer essas atribuições, durante a liquidação, tendo em vista as disposições especiais que a regulam.

Código Civil:

Art. 1.069. Além de outras atribuições determinadas na lei ou no contrato social, aos membros do conselho fiscal incumbem, individual ou conjuntamente, os deveres seguintes:

I – examinar, pelo menos trimestralmente, os livros e papéis da sociedade e o estado da caixa e da carteira, devendo os administradores ou liquidantes prestar-lhes as informações solicitadas;

II – lavrar no livro de atas e pareceres do conselho fiscal o resultado dos exames referidos no inciso I deste artigo;

III – exarar no mesmo livro e apresentar à assembleia anual dos sócios parecer sobre os negócios e as operações sociais do exercício em que servirem, tomando por base o balanço patrimonial e o de resultado econômico;

IV – denunciar os erros, fraudes ou crimes que descobrirem, sugerindo providências úteis à sociedade;

V – convocar a assembleia dos sócios se a diretoria retardar por mais de trinta dias a sua convocação anual, ou sempre que ocorram motivos graves e urgentes;

VI – praticar, durante o período da liquidação da sociedade, os atos a que se refere este artigo, tendo em vista as disposições especiais reguladoras da liquidação.

LEGALIDADE, EFICÁCIA E IMPLICAÇÕES SOCIETÁRIAS DO PROTOCOLO FAMILIAR

da diretoria, tal comitê acompanharia com maior proximidade o trabalho desenvolvido pelos diretores, reportando as informações ao conselho.

Pode-se estruturar, portanto, departamento de auditoria interna com vistas a racionalizar certos procedimentos e acompanhar algumas medidas de *compliance*, sendo que tal forma de organização pode e deve, em linhas gerais, já contar com uma previsão no contrato/estatuto social. Ou seja, dentro da estrutura de organização adotada na sociedade cria--se a figura do comitê de auditoria como auxiliar do conselho de administração.

Como sugestão de redação de cláusula dispondo sobre tal comitê em ato constitutivo, pode-se citar:

1. A sociedade conta com Comitê de Auditoria, órgão que subsidia informações ao Conselho de Administração no controle e fiscalização das atividades realizadas, detendo competência para:

a) analisar os contratos e negócios firmados pela sociedade;

b) solicitar esclarecimentos aos gestores, diretores ou não, sobre negócios jurídicos firmados;

c) apurar denúncias de irregularidades e levá-las ao conhecimento do Conselho de Administração e/ou Assembleia de Sócios;

d) emitir parecer quando lhe for solicitado;

e) criar mecanismos de controles internos e submetê-los à apreciação do Conselho de Administração; e

e) solicitar ao Conselho de Administração que convoque Assembleia de Sócios para apurar faltas graves identificadas.

2. O Comitê será composto por x membros, os quais são eleitos pelo Conselho de Administração, devendo os eleitos contar com os seguintes requisitos mínimos:

a) Formação em contabilidade, engenharia, economia, direito e/ou administração;

b) Não podem integrar o corpo diretivo da sociedade;

c) Não sejam cônjuges ou parentes até terceiro grau de membros da administração;

d) Não ocupem cargos em sociedades que possam ser consideradas concorrentes; e

e) Tenham ilibada reputação.

3. O Comitê de Auditoria não inibe a contratação de auditores independentes, sendo que deve subsidiar informações a estes, quando instada a tanto.

IMPLICAÇÕES SOCIETÁRIAS DO PROTOCOLO FAMILIAR

Além dos aspectos acima referidos é importante eleger o número de membros de tal comitê, assim como fixar um Regimento Interno que estabeleça critérios de atuação e organização dos trabalhos.

A título de esclarecimento a respeito da criação do referido comitê, tal se constitui uma prática recomendada sob a ótica da governança corporativa, onde se encontra inserida a própria ideia de edição do Protocolo Familiar. O IBGC (Código das Melhores Práticas de Governança Corporativa – 5ª edição[143]) recomenda: "O cumprimento de leis, regulamentos e normas externas e internas deve ser garantido por um processo de acompanhamento da conformidade (*compliance*) de todas as atividades da organização".

Nessa toada, para garantir a efetividade da fiscalização aos sócios e reforçada em Protocolo Familiar, é indispensável que os atos constitutivos já contem com disposições hábeis a efetivar medidas de fiscalização.

4.2.5 Distribuição de dividendos

Em outra linha, é necessário que o ato constitutivo preveja formas e períodos de distribuição de dividendos (entendido como participação nos lucros e nas perdas) para evitar desgastes e disputas por valores, delimitando a periodicidade dessas distribuições, se for utilizado critério não anual, por exemplo.

Igualmente, deve ficar claro se será permitida ou não distribuição desproporcional de lucros, sendo que no caso de autorização da desproporcionalidade, necessariamente, a sociedade deve se organizar como limitada com quotas preferenciais.

Considerando que a sociedade adota a forma limitada e admite distribuição desproporcional de lucros, por exemplo, cita-se a seguinte cláusula em caráter exemplificativo:

> O destino dos lucros líquidos da Sociedade verificado ao final de cada exercício será determinado por quotistas representando a maioria do capital social, podendo ser: (a) distribuído aos quotistas, na proporção ou não de suas respectivas participações no capital social; (b) retido, total ou parcialmente, em conta de Lucros Acumulados ou em Reserva da Sociedade; e / ou, (c)

---

[143] IBGC –Instituto Brasileiro de Governança Corporativa. **Código das melhores práticas de governança corporativa.** 5ª. ed. São Paulo: IBGC, 2015, 108 p. Disponível em: <http:// www.ibgc.org.br/userfiles/2014/files/codigoMP_5edicao_web.pdf> Acesso em: 12 ago 2017.

capitalizado na proporção das respectivas participações dos quotistas no capital social da Sociedade.

Parágrafo Único – A Sociedade poderá levantar balanços e demonstrações de resultado intermediários, em periodicidade mensal, trimestral e semestral, preparados com propósitos fiscais ou para distribuição de lucros apurados com base em tais balanços, na proporção ou não de suas participações no capital social da Sociedade, observada a reposição de lucros quando a distribuição afetar o capital social.

De outra banda, caso a sociedade se constitua como anônima, sugere-se a seguinte previsão no estatuto social:

Do lucro líquido apurado da demonstração do resultado do exercício, definido pelo art. 191 da lei 6404/76, será elaborado proposta de destinação a lhe ser dada, aplicando-se, compulsoriamente, 5% (cinco por cento) na constituição de reserva legal até que esta atinja 20% (vinte por cento) do capital social, observando-se o disposto no Capítulo XVI da lei 6404/76.

Parágrafo Primeiro – A Companhia, por deliberação da Assembleia Geral, poderá levantar balanços semestrais, trimestrais ou de períodos menores, e declarar dividendos dos lucros verificados em tais balanços, observado o disposto no art. 204 da Lei 6.404/76.

Parágrafo Segundo – O prejuízo do exercício será, obrigatoriamente, absorvido pelos lucros acumulados ou pelas reservas de lucros, nesta ordem. Eventuais prejuízos remanescentes terão o tratamento deliberado por sócio(s) representando a maioria do capital social.

Não obstante, a política de distribuição de lucros deve ser constantemente revisitada a fim de ser adequada ao momento pelo qual passa a sociedade, conforme Teoria do Desenvolvimento Tridimensional.

Como visto, compete ao contrato/estatuto regulamentar os ajustes gerais sobre distribuição de dividendos.

4.2.6 Exercício do direito de voto

Noutro giro, também se faz necessário dispor sobre os direitos que serão outorgados aos sócios, isto é, o Protocolo pode prever se todos os sócios e familiares, indistintamente e ainda que não acompanhem a atividade empresarial e o mercado em que se encontra inserida a sociedade, exercerão direito de voto ou não.

Tal situação, por consequência, irá criar a necessidade de se ajustar, dessa feita no estatuto social, a existência de ações preferenciais ou não, isto é, em prol de dividendos fixos[144] ou mínimos[145] ou reembolso de capital, se retira a possibilidade de voto[146], eis que o objetivo é separar propriedade e gestão de forma mais estanque, pois nem mesmo o direito de voto será exercido.

Considerando que compete ao estatuto definir as vantagens que serão outorgadas por força da criação de ações preferenciais, é bastante esclarecedor o posicionamento de Nelson Eizirik sobre o papel definidor do estatuto ao comentar o art. 17 da Lei de Sociedades por Ações:

> O §2º confere ampla autonomia para que o estatuto defina as preferências ou vantagens adicionais às legalmente previstas para as ações preferenciais sem direito de voto ou com restrição ao exercício desse direito, desde que estas constem do seu texto com precisão e minúcia. Dessa forma, as preferências ou vantagens elencadas neste artigo não são exaustivas, ou seja, outras preferências ou vantagens, além das previstas no caput e nos incisos I, II e III do §1º, poderão ser conferidas às ações preferenciais sem direito de voto, tanto no caso daquelas negociadas no mercado de valores mobiliários como daquelas não negociadas.[147]

---

[144] "Dividendo fixo é a quantia do lucro previamente quantificada no estatuto social que deve ser atribuída a cada ação preferencial com base em (i) um valor certo em reais; (ii) percentual determinado do valor nominal da ação preferencial ou, caso as ações não tenham valor nominal, sobre o próprio capital social, ou, ainda, do patrimônio líquido da companhia". In: EIZIRIK, Nelson. **A Lei das S/A Comentada.** 2ª ed. Vol. I. São Paulo: Quartier Latin, 2015, p. 181.

[145] "O dividendo mínimo, por sua vez, é aquele previamente definido no estatuto social, com base nos mesmos critérios de cálculo do dividendo fixo, e que dá ao titular da ação preferencial o direito de receber prioritariamente uma parcela do lucro". In: EIZIRIK, Nelson. **A Lei das S/A Comentada**. 2ª ed. Vol. I. São Paulo: Quartier Latin, 2015, p. 181.

[146] Destaca-se que não apenas o direito de voto pode ser afastado em ações preferenciais, em que pese ser o uso mais comum. De toda sorte, utiliza-se essa modalidade de ação, justamente porque o Pacto Familiar pode visar dar a familiares poderes distintos dentro da sociedade, sendo a retirada do direito de voto uma medida pertinente, especialmente em relação àqueles que estão distantes da realidade da atividade empresarial, mas que é sócio e recebe dividendos.

[147] EIZIRIK, Nelson. **A Lei das S/A Comentada**. 2ª ed. Vol. I. São Paulo: Quartier Latin, 2015, p. 192.

Inclusive, mister observar se são necessários, além de criar ações preferenciais, estabelecer classes distintas de ações, sendo imperioso reiterar que para tanto devem ser observadas as garantias mínimas fixadas na LSA e regulamentos específicos, exarados pela CVM, em caso de companhias abertas.

Convém registrar que a exclusão de direito de voto como forma de organização de propriedade e família só pode ser utilizada de maneira indistinta, em nossa percepção, em sociedade anônima, isso porque em sociedade limitada tal direito, em que pese ausência de previsão expressa, é essencial, ao menos nos temas em que se exigem quóruns com base no capital social, como é o caso do art. 1.076, Código Civil, por exemplo.

Nesse viés, é imprescindível considerar que são excludentes a possibilidade de utilização de distribuição desproporcional de lucros e criação de participação social sem qualquer direito de voto, isso porque o primeiro instituto se aplica apenas em sociedades limitadas e o segundo somente em sociedades anônimas, razão pela qual os arranjos familiares e, via de consequência, societários a serem feitos devem estar em harmonia, o que deve ser observado ao tempo da elaboração do Protocolo Familiar.

Não obstante, é bastante razoável que, dependendo da composição do quadro social, dadas matérias essenciais ao grupo familiar tenham quóruns de votação diferenciados, isto é, sejam aumentados os votos indispensáveis em relação ao já fixado em lei, isso porque constituem o núcleo duro da sociedade e família, com pontos sensíveis e que só podem ser alterados caso haja um consenso mínimo.

É o caso, por exemplo, de operações societárias, mudança de regras sobre política de dividendos, aumento de capital social, criação de novo tipo ou classe de ações, conquanto são temas que repercutem diretamente sobre o patrimônio da família.

Assim, em que pese ser possível regular em acordo de sócios que certas matérias demandam consenso prévio para serem aprovadas em Assembleia ou Reunião de Sócios, é salutar já inserir no contrato/estatuto social quóruns diferenciados de votação.

4.2.7 Saída de sócios

Em outra perspectiva, questões ligadas aos procedimentos de retirada e exclusão de sócios podem e devem ser regulamentadas nos atos constitutivos.

Portanto, cumpre conceituar as situações em que pode ocorrer o que o Código Civil denomina de resolução em relação a um sócio e o Código de Processo Civil chama de dissolução parcial da sociedade (terminologia cunhada originalmente na jurisprudência), lembrando que nem todas estas hipóteses podem ser aplicadas às sociedades anônimas, conforme explicação que se faz a seguir.

Em termos gerais, dissolução parcial, conforme delimita Paulo Henrique dos Santos Lucon pode ser identificada como:

> Portanto, a chamada dissolução parcial de sociedades vincula-se a hipóteses em que os vínculos societários são desfeitos em relação a apenas um (ou alguns) dos sócios, sem que se encerrem as atividades sociais ou que se afetem os demais vínculos. Em outras palavras: representa o desligamento de um (ou alguns) dos sócios da sociedade, sem que os demais vínculos do contrato plurilateral sejam dissolvidos.[148]

Ou seja, a sociedade se mantém, mas haverá a competente retirada do sócio dos quadros sociais e consequente diminuição do capital social à proporção daquele que se retirou, a menos que seja recomposto pelos sócios remanescentes.

Nessa linha, existem as seguintes modalidades de rompimento do vínculo social: recesso ou retirada, remissão (conforme punição eleita pelos sócios não remissos), exclusão e denúncia, cada um com particularidades e aplicações específicas, a depender do tipo societário eleito; as quais devem ser também mencionadas no Protocolo Familiar e, via de consequência, reguladas no contrato/estatuto social.

O direito de recesso se materializa quando, em determinada situação fixada por lei[149], isto é, quando restar vencido em dada deliberação ou

---

[148] LUCON, Paulo Henrique dos Santos. Dissolução parcial e apuração de haveres. In: KUYVEN, Luiz Fernando Martins (coord.). **Temas essenciais de direito empresarial – Estudos em homenagem a Modesto Carvalhosa**. São Paulo: Saraiva, 2012, p. 980-990.

[149] **Lei n. 6.404/76:** Art. 137. A aprovação das matérias previstas nos incisos I a VI e IX do art. 136 dá ao acionista dissidente o direito de retirar-se da companhia, mediante reembolso do valor das suas ações (art. 45), observadas as seguintes normas:

LEGALIDADE, EFICÁCIA E IMPLICAÇÕES SOCIETÁRIAS DO PROTOCOLO FAMILIAR

não concordar com o que fora decidido, o sócio adquire o direito de solicitar sua retirada da sociedade, de modo que irá receber a participação

I – nos casos dos incisos I e II do art. 136, somente terá direito de retirada o titular de ações de espécie ou classe prejudicadas;

II – nos casos dos incisos IV e V do art. 136, não terá direito de retirada o titular de ação de espécie ou classe que tenha liquidez e dispersão no mercado, considerando-se haver:

a) liquidez, quando a espécie ou classe de ação, ou certificado que a represente, integre índice geral representativo de carteira de valores mobiliários admitido à negociação no mercado de valores mobiliários, no Brasil ou no exterior, definido pela Comissão de Valores Mobiliários; e

b) dispersão, quando o acionista controlador, a sociedade controladora ou outras sociedades sob seu controle detiverem menos da metade da espécie ou classe de ação;

III – no caso do inciso IX do art. 136, somente haverá direito de retirada se a cisão implicar:

a) mudança do objeto social, salvo quando o patrimônio cindido for vertido para sociedade cuja atividade preponderante coincida com a decorrente do objeto social da sociedade cindida;

b) redução do dividendo obrigatório; ou

c) participação em grupo de sociedades;

IV – o reembolso da ação deve ser reclamado à companhia no prazo de 30 (trinta) dias contado da publicação da ata da assembleia-geral;

V – o prazo para o dissidente de deliberação de assembleia especial (art. 136, § 1º) será contado da publicação da respectiva ata.

VI – o pagamento do reembolso somente poderá ser exigido após a observância do disposto no § 3º e, se for o caso, da ratificação da deliberação pela assembleia-geral.

§ 1º O acionista dissidente de deliberação da assembleia, inclusive o titular de ações preferenciais sem direito de voto, poderá exercer o direito de reembolso das ações de que, comprovadamente, era titular na data da primeira publicação do edital de convocação da assembleia, ou na data da comunicação do fato relevante objeto da deliberação, se anterior.

§ 2º O direito de reembolso poderá ser exercido no prazo previsto nos incisos IV ou V do *caput* deste artigo, conforme o caso, ainda que o titular das ações tenha se abstido de votar contra a deliberação ou não tenha comparecido à assembleia.

§ 3º Nos 10 (dez) dias subseqüentes ao término do prazo de que tratam os incisos IV e V do *caput* deste artigo, conforme o caso, contado da publicação da ata da assembleia-geral ou da assembleia especial que ratificar a deliberação, é facultado aos órgãos da administração convocar a assembleia-geral para ratificar ou reconsiderar a deliberação, se entenderem que o pagamento do preço do reembolso das ações aos acionistas dissidentes que exerceram o direito de retirada porá em risco a estabilidade financeira da empresa.

§ 4º Decairá do direito de retirada o acionista que não o exercer no prazo fixado.

Código Civil:

Art. 1.077. Quando houver modificação do contrato, fusão da sociedade, incorporação de outra, ou dela por outra, terá o sócio que dissentiu o direito de retirar-se da sociedade, nos trinta dias subseqüentes à reunião, aplicando-se, no silêncio do contrato social antes vigente, o disposto no art. 1.031.

que lhe compete, mediante cálculos a serem apurados, conforme estatuto/contrato social ou, na omissão destes, disposição legal aplicável.

Ao comentar sobre a natureza do instituto do direito de retirada, Gisela Ceschin esclarece:

> Trata-se de regra de proteção da minoria frente às disposições dos sócios majoritários, justificada pela modificação de cláusulas essenciais. E remédio excepcional de proteção aos não controladores contra ato voluntário da maioria social que modifica regras básicas da sociedade.[150]

Nota-se, portanto, que o direito de recesso é uma previsão concedida por lei a título de conferir uma proteção ao sócio, em especial minoritário, que discorde do definido em uma deliberação social.

Por outro lado, a remissão é uma previsão que visa preservar a sociedade em vista de sócio inadimplente, vale dizer, nas hipóteses em que o sócio não honra com a obrigação assumida de integralizar o capital social a tempo e modo, caso em que pode e deve ser penalizado. De toda forma, devem ser obedecidas as particularidades de cada sociedade empresária para lidar com esse tipo de situação, pois limitadas e anônimas possuem diferentes implicações nessa hipótese, conforme descrito no Capítulo 3.

Por seu turno, a denúncia ao contrato social encontra previsão específica no art. 1.029 do Código Civil, sendo aplicada, essencialmente, às sociedades limitadas (ditas de pessoas) por tempo indeterminado, sem prejuízo de já existir entendimento jurisprudencial, conforme descrito abaixo, a respeito da aplicação desta regra às sociedades anônimas de cunho familiar.

Por ser bastante esclarecedor, cumpre transcrever o dispositivo legal acima referido:

> Art. 1.029. Além dos casos previstos na lei ou no contrato, qualquer sócio pode retirar-se da sociedade; se de prazo indeterminado, mediante notificação aos demais sócios, com antecedência mínima de sessenta dias; se de prazo determinado, provando judicialmente justa causa.

---

[150] CESCHIN, Gisela. Direito de recesso na sociedade limitada e seus aspectos práticos. In: AZEVEDO, Luiz André N. de Moura e CASTRO, Rodrigo R. Monteiro (coord.). **Sociedade Limitada Contemporânea**. São Paulo: Quartier Latin, 2013, p. 496.

Parágrafo único. Nos trinta dias subseqüentes à notificação, podem os demais sócios optar pela dissolução da sociedade.

Nesse contexto, em termos da estrita observância à lei, a sociedade anônima prevê apenas o recesso e a remissão do sócio que não honra com suas obrigações, sendo a exclusão e denúncia medidas típicas das sociedades limitadas; em que pese a jurisprudência do STJ (ERESP 1321263[151], RESP 1303284[152], RESP 1128431[153]) já admitir dissolução parcial de sociedade anônima familiar, aspecto, em dada medida, corroborado pelo vigente Código de Processo Civil, que não diferencia sociedade limitada de anônima, pois nesse tocante apenas refere-se ao procedimento de dissolução parcial.

No que tange à exclusão, tal medida é expressamente estabelecida em lei somente para sociedades limitadas, em que à maioria é dado excluir o acionista minoritário que esteja praticando atos de inegável gravidade e que, portanto, podem impactar na continuidade da relação social, sendo que a hipótese de exclusão, necessariamente, precisa ser prevista no contrato social, sem prejuízo da convocação de uma assembleia/reunião específica para apurar a falta grave cometida pelo sócio, a quem se garante o direito ao contraditório e ampla defesa.

Ao discorrer sobre o tema, esclarecem Marcelo Vieira Von Adamek e Erasmo Valladão Azevedo e Novaes França:

> A exclusão configura medida de direito estrito e de caráter excepcional que, a par de sujeitar-se aos princípios da proporcionalidade e da razoabilidade (obstando, com isso, possa ser utilizado por encomenda contra um sócio

---

[151] BRASIL. Superior Tribunal de Justiça. Dissolução parcial de sociedade anônima. ERESP 1321263. Relator Ministro Moura Ribeiro. Brasília. Disponível em: https://ww2.stj.jus.br/processo/revista/documento/mediado/?componente=ITA&sequencial=1560961&num_registro=201200624854&data=20161215&formato=PDF. Acesso em 12 de ago. 2017.

[152] BRASIL. Superior Tribunal de Justiça. Dissolução parcial de Sociedade Anônima. RESP 1303284. Relatora Ministra Nancy Andrighi. Brasília. Disponível em: https://ww2.stj.jus.br/processo/revista/documento/mediado/?componente=ITA&sequencial=1225685&num_registro=201200066915&data=20130513&formato=PDF. Acesso em 12 de ago. 2017.

[153] BRASIL. Superior Tribunal de Justiça. Dissolução parcial de sociedade anônima. RESP 1128431. Relatora Ministra Nancy Andrighi. Disponível em: https://ww2.stj.jus.br/processo/revista/documento/mediado/?componente=ITA&sequencial=1095756&num_registro=200900488368&data=20111025&formato=PDF. Acesso em 12 ago. 2017.

IMPLICAÇÕES SOCIETÁRIAS DO PROTOCOLO FAMILIAR

específico, tendo por base condutas idênticas às dos demais ou, a fortiori, menos graves do que outras toleradas ou consentidas no seio social), só se legitima desde que atendidos os pressupostos (materiais e procedimentais) estabelecidos, de maneira cogente, em lei (CC, arts. 1.030 e 1.085) e sempre como ultima ratio (cedendo espaço a outras medidas capazes de eliminar o problema verificado no seio social).[154]

Nesse sentido, considerando a extrema medida da exclusão, é imprescindível que, além de o Protocolo Familiar admitir tal possibilidade, caso a sociedade se organize sob a forma de sociedade limitada, o contrato social também tenha previsão para que se ocorra de forma extrajudicial, sob pena de a mesma só poder se realizar judicialmente.

Porém, convém ressaltar que, sob a mesma perspectiva da doutrina e jurisprudência que admitem denúncia de participação social, se poderia aplicar a exclusão de acionistas em certas e específicas situações, desde que, obviamente, atendidos os mesmos critérios de falta grave do Código Civil.

Inclusive, o Superior Tribunal de Justiça tem julgado nesse sentido:

DIREITO SOCIETÁRIO E EMPRESARIAL. SOCIEDADE ANÔNIMA DE CAPITAL FECHADO EM QUE PREPONDERA A AFFECTIO SOCIETATIS. DISSOLUÇÃO PARCIAL.
EXCLUSÃO DE ACIONISTAS. CONFIGURAÇÃO DE JUSTA CAUSA. POSSIBILIDADE.
APLICAÇÃO DO DIREITO À ESPÉCIE. ART. 257 DO RISTJ E SÚMULA 456 DO STF.
1. O instituto da dissolução parcial erigiu-se baseado nas sociedades contratuais e personalistas, como alternativa à dissolução total e, portanto, como medida mais consentânea ao princípio da preservação da sociedade e sua função social, contudo a complexa realidade das relações negociais hodiernas potencializa a extensão do referido instituto às sociedades "circunstancialmente" anônimas, ou seja, àquelas que, em virtude de cláusulas estatutárias restritivas à livre circulação das ações, ostentam caráter familiar ou

---

[154] FRANÇA, Erasmo Valladão Azevedo Noaves e ADAMEK, Marcelo Vieira Von. Affectio societatis: um conceito jurídico superado no moderno direito societário pelo conceito de "fim social". In: FRANÇA, Erasmo Valladão Azevedo Noaves e ADAMEK, Marcelo Vieira Von (coords.). **Direito societário contemporâneo I**. São Paulo: Quartier Latin, 2009, p. 156-159.

fechado, onde as qualidades pessoais dos sócios adquirem relevância para o desenvolvimento das atividades sociais ("affectio societatis"). (Precedente: EREsp 111.294/PR, Segunda Seção, Rel.

Ministro Castro Filho, DJ 10/09/2007) 2. É bem de ver que a dissolução parcial e a exclusão de sócio são fenômenos diversos, cabendo destacar, no caso vertente, o seguinte aspecto: na primeira, pretende o sócio dissidente a sua retirada da sociedade, bastando-lhe a comprovação da quebra da "affectio societatis"; na segunda, a pretensão é de excluir outros sócios, em decorrência de grave inadimplemento dos deveres essenciais, colocando em risco a continuidade da própria atividade social.

3. Em outras palavras, a exclusão é medida extrema que visa à eficiência da atividade empresarial, para o que se torna necessário expurgar o sócio que gera prejuízo ou a possibilidade de prejuízo grave ao exercício da empresa, sendo imprescindível a comprovação do justo motivo.

4. No caso em julgamento, a sentença, com ampla cognição fático-probatória, consignando a quebra da "bona fides societatis", salientou uma série de fatos tendentes a ensejar a exclusão dos ora recorridos da companhia, porquanto configuradores da justa causa, tais como: (i) o recorrente Leon, conquanto reeleito pela Assembleia Geral para o cargo de diretor, não pôde até agora nem exercê-lo nem conferir os livros e documentos sociais, em virtude de óbice imposto pelos recorridos; (ii) os recorridos, exercendo a diretoria de forma ilegítima, são os únicos a perceber rendimentos mensais, não distribuindo dividendos aos recorrentes.

5. Caracterizada a sociedade anônima como fechada e personalista, o que tem o condão de propiciar a sua dissolução parcial – fenômeno até recentemente vinculado às sociedades de pessoas –, é de se entender também pela possibilidade de aplicação das regras atinentes à exclusão de sócios das sociedades regidas pelo Código Civil, máxime diante da previsão contida no art. 1.089 do CC: "A sociedade anônima rege-se por lei especial, aplicando-se-lhe, nos casos omissos, as disposições deste Código." 6. Superado o juízo de admissibilidade, o recurso especial comporta efeito devolutivo amplo, porquanto cumpre ao Tribunal julgar a causa, aplicando o direito à espécie (art. 257 do RISTJ; Súmula 456 do STF). Precedentes.

7. Recurso especial provido, restaurando-se integralmente a sentença, inclusive quanto aos ônus sucumbenciais.[155]

---

[155] Brasil. Superior Tribunal de Justiça. Dissolução parcial de sociedade anônima. RESP 917531. Relator Ministro Luis Felipe Salomão. Disponível em: https://ww2.stj.jus.br/pro

IMPLICAÇÕES SOCIETÁRIAS DO PROTOCOLO FAMILIAR

A jurisprudência do STJ vem caminhando para admitir a aplicação de alguns institutos de sociedades tidas como personalíssimas às sociedades anônimas, a depender da estruturação e organização desta. Contudo, para fins do que este trabalho se propõe, isto é, limites da legalidade, eficácia e implicações societárias do Protocolo Familiar, cumpre avaliar em que proporções tais possibilidades se aplicam às sociedades familiares e, estas, por sua vez, devem regrá-las por meio do Pacto Familiar, o que, necessariamente, trará impactos sobre os atos constitutivos da sociedade, inclusive para que alcance a efetividade pretendida.

Destaca-se que omissão não é benéfica para as sociedades familiares, que ficarão sujeitas a toda sorte de interferência entre família, propriedade e gestão. Logo, a previsão é medida de rigor, sendo essencial ter em mente o que pode ou não ser previsto nos limites da modalidade societária (Ltda. ou S.A.) eleita.

A utilização do direito de recesso e remissão são essencialmente similares tanto em sociedade limitada, como anônima, exceto pelas consequências da segunda quanto à forma de se lidar com o sócio inadimplente, mas ambas possuem aplicação indistinta em qualquer tipo societário utilizado.

Todavia, sociedades anônimas e limitadas possuem regras que se divergem, razão pela qual as previsões insertas no Protocolo Familiar devem ser harmônicas com a modalidade societária utilizada, o que significa dizer que dadas cláusulas certamente encontrarão entraves no caso de uma sociedade anônima.

Tal ocorre porque os institutos de denúncia e exclusão, por exemplo, são inerentes às sociedades com natureza personalíssima.

Assim, a denúncia e a exclusão encontram obstáculos de aplicação nas sociedades anônimas, em que pese haver a possibilidade de se solicitar a dissolução parcial tanto de sociedades anônimas como limitadas, eis que tal encontra amparo no próprio direito constitucional de que ninguém é obrigado a se associar ou manter associado. Sem contar que em sociedades anônimas fechadas ou mesmo abertas com baixa ou nenhuma liquidez de mercado, seus sócios enfrentam as mesmas pro-

cesso/revista/documento/mediado/?componente=ITA&sequencial=1103283&num_registr o=200700073925&data=20120201&formato=PDF. Acesso em 12 de jan. 2018.

LEGALIDADE, EFICÁCIA E IMPLICAÇÕES SOCIETÁRIAS DO PROTOCOLO FAMILIAR

blemáticas de rompimento do vínculo social que nas sociedades personalíssimas, dada a dificuldade de alienação de participações sociais.

Já a exclusão de sócio por falta grave, de fato, tem contornos mais específicos e, por se tratar de punição ao sócio minoritário por comportamento em descompasso com o que se espera para a continuidade serena da sociedade, a defesa de sua aplicação para as sociedades anônimas é mais complexa, muito embora entendamos que não se descarta, na mesma linha do julgado do STJ acima destacado.

Mas, é saudável que as sociedades limitadas, onde a aplicação da exclusão é uníssona, contêm com previsão sobre o assunto em seus contratos sociais, sendo que, para tanto, apresenta-se uma sugestão de cláusula para sociedades com menos de 10 (dez) sócios, em que se flexibilizam as regras de assembleia de sócios:

1. Será excluído por justa causa o quotista que incorrer em grave descumprimento das obrigações sociais, sendo considerado grave descumprimento das obrigações sociais, para fins de exclusão do sócio:

(i) praticar atos que vão de encontro com os interesses da sociedade, deixando de zelar pelo seu bem;

(ii) utilizar a denominação social para fins estranhos ao Objeto Social;

(iii) utilizar o nome da sociedade em interesse próprio ou de terceiros;

(iv) desviar recursos da sociedade, em proveito próprio.

2. Para exclusão de quotista deverá ser convocada Assembleia de Sócios Específica, com 10 (dez) dias de antecedência, devendo o quotista a ser excluído receber convocação pessoal e por escrito, garantindo-se a ele a apresentação de defesa, inclusive por escrito, em tal assembleia.

Parágrafo único: Após análise da defesa apresentada pelo quotista os sócios deverão deliberar, por maioria absoluta, sobre sua exclusão ou não.

3. Caso seja deliberada a exclusão, o quotista excluído, nos termos do art. 684, Código Civil, outorga desde já aos sócios que o excluíram poderes para o representarem nos atos sociais necessários à sua exclusão.

De toda sorte, de uma forma ou outra o importante é regrar a sistemática de rompimento do vínculo em cada uma das hipóteses possíveis, genericamente chamadas de dissolução parcial pelo CPC, especialmente no tangente à apuração de haveres, tema que, a despeito das inovações trazidas pelo recém editado Código de Processo Civil, ainda é objeto de debate na jurisprudência.

Por fim, ainda quanto à saída de sócios, essencial regrar as repercussões decorrentes do falecimento do quotista/acionista, pois no silêncio aplicam-se as regras gerais da lei, sendo que nas limitadas os herdeiros não ingressam na sociedade, ao passo que nas anônimas passam a ser acionistas.

Logo, tal questão, inclusive sob o ponto de vista da sucessão, merece e deve ser regulada no ato constitutivo, a depender do que dispõe o Protocolo Familiar, que deve ter um plano de sucessão previamente orquestrado, sob pena de ficar à mercê de disputas que somente serão resolvidas por heterocomposição, ou seja, terceiros que não conhecem à realidade familiar, muito menos empresarial.

4.2.8 Apuração de haveres

Em contraponto às formas de saída do sócio, eis mais uma importante previsão a constar nos atos constitutivos, isto é, cálculo e forma de pagamento de haveres em caso de saída (ou falecimento) do sócio, tal, inclusive, como consequência dos parâmetros definidos no Protocolo Familiar para situações desse porte.

Considerando os claros efeitos econômicos e financeiros decorrentes desse tipo de situação, é necessário ter em mente que isso implica desencaixe de valores por parte da sociedade, pois é ela própria quem terá de desembolsar valores ou bens, a depender do arranjo com o sócio retirante, vez que terá de pagar pelos haveres deste. Nessa linha, nada mais natural que o próprio contrato/estatuto preveja a forma de apuração e pagamento.

Com efeito, existem dois critérios para se apurar haveres, isto é, realizar a avaliação da participação do sócio retirante, são elas: ordinário e o de mercado. O valor ordinário se apega ao aspecto patrimonial, em que se realiza um balanço de determinação com a avaliação de todos os itens do ativo e passivo, a valor de mercado (valor de saída), individualmente considerados, caso o ato constitutivo seja omisso, valendo a máxima da lei. Já o padrão de mercado verifica a capacidade de geração de valor de dada empresa, considerando-a como um conjunto de bens organizados

LEGALIDADE, EFICÁCIA E IMPLICAÇÕES SOCIETÁRIAS DO PROTOCOLO FAMILIAR

economicamente, levando-se em conta o seu aviamento (fluxo de caixa descontado, múltiplo de EBITDA[156] etc).

Por oportuno, cumpre fazer uma rápida distinção entre apuração por valor patrimonial, utilizado em caso de resolução no tangente a um sócio (se o ato constitutivo não dispuser de outra forma), e o valor contábil simples, com regras e procedimentos contábeis. No primeiro caso, ativo e passivo são avaliados de acordo com valor de mercado (como se fossem ser alienados), já na segunda hipótese, ativo e passivo obedecem a critérios contábeis de lançamento, especialmente o custo de aquisição de um ativo, por exemplo, que não costuma ser atualizado.

Acerca da forma de contabilização de ativos a LSA define o seguinte:

Art. 187. Na coleta dos elementos para o inventário serão observados os critérios de avaliação a seguir determinados:

I – os bens destinados à exploração da atividade serão avaliados pelo custo de aquisição, devendo, na avaliação dos que se desgastam ou depreciam com o uso, pela ação do tempo ou outros fatores, atender-se à desvalorização respectiva, criando-se fundos de amortização para assegurar-lhes a substituição ou a conservação do valor;

II – os valores mobiliários, matéria-prima, bens destinados à alienação, ou que constituem produtos ou artigos da indústria ou comércio da empresa, podem ser estimados pelo custo de aquisição ou de fabricação, ou pelo preço corrente, sempre que este for inferior ao preço de custo, e quando o preço corrente ou venal estiver acima do valor do custo de aquisição, ou fabricação, e os bens forem avaliados pelo preço corrente, a diferença entre este e o preço de custo não será levada em conta para a distribuição de lucros, nem para as percentagens referentes a fundos de reserva;

Nota-se, portanto, a disparidade de registros contábeis em comparação ao patrimonial, já que no primeiro caso utiliza-se o valor histórico da aquisição, sendo que, em alguns casos, está muito distante da realidade de mercado.

---

[156] EBITDA significa earnings before interest, taxes, depreciation and amortization, que traduzido literalmente para o português significa: "Lucros antes de juros, impostos, depreciação e amortização" (Lajida).

Assim, em vista da multiplicidade de critérios de avaliação, a jurisprudência oscila muito quando há omissão do contrato a respeito dos elementos a serem considerados na avaliação, especialmente nas sociedades limitadas, isto é, se devem ser considerados intangíveis, como fundo de comércio, marca. Tal confusão advém da ausência de clareza do art. 1.031, *caput*, do Código Civil, que dispõe:

> Nos casos em que a sociedade se resolver em relação a um sócio, o valor da sua quota, considerada pelo montante efetivamente realizado, liquidar-se-á, salvo disposição contratual em contrário, com base na situação patrimonial da sociedade, à data da resolução, verificada em balanço especialmente levantado.

Como se vê, o Código Civil peca pela não identificação dos seguintes elementos: quais critérios são utilizados em um balanço patrimonial? Deve-se considerar fundo de comércio? Qual a data de resolução da sociedade? Até onde vai a responsabilidade do sócio retirante?

Visando trazer um pouco de luz ao tema e realmente inovando, contendo disposição de natureza material, já que transcende ao objetivo de regular o processo e acaba complementando o art. 1.031, Código Civil, o Código de Processo Civil vigente prevê:

> Art. 605. A data da resolução da sociedade será:
> I – no caso de falecimento do sócio, a do óbito;
> II – na retirada imotivada, o sexagésimo dia seguinte ao do recebimento, pela sociedade, da notificação do sócio retirante;
> III – no recesso, o dia do recebimento, pela sociedade, da notificação do sócio dissidente;
> IV – na retirada por justa causa de sociedade por prazo determinado e na exclusão judicial de sócio, a do trânsito em julgado da decisão que dissolver a sociedade; e
> V – na exclusão extrajudicial, a data da assembleia ou da reunião de sócios que a tiver deliberado.
> Art. 606. Em caso de omissão do contrato social, o juiz definirá, como critério de apuração de haveres, o valor patrimonial apurado em balanço de determinação, tomando-se por referência a data da resolução e avaliando-se bens e direitos do ativo, tangíveis e intangíveis, a preço de saída, além do passivo também a ser apurado de igual forma.

Parágrafo único. Em todos os casos em que seja necessária a realização de perícia, a nomeação do perito recairá preferencialmente sobre especialista em avaliação de sociedades.

Entretanto, a norma processual ainda traz a questão dos intangíveis, que, segundo definição da LSA se decompõem no seguinte:

Art. 179. As contas serão classificadas do seguinte modo:

VI – no intangível: os direitos que tenham por objeto bens incorpóreos destinados à manutenção da companhia ou exercidos com essa finalidade, inclusive o fundo de comércio adquirido.

Conforme se observa, o fundo de comércio e marca, por exemplo, que não tenham sido adquiridos, mas sejam da própria sociedade, não são considerados intangíveis para fins contábeis. Nesse particular, eles integrariam ou não o cálculo do valor patrimonial? A questão é turva, não sendo a resposta clara, como deveria ser, de forma que, embora tenha havido avanços com a edição do art. 606, CPC, não há segurança jurídica.

Por seu turno, a Lei n. 6.404/76 delimita o seguinte no §1º do art. 45 quanto à forma de apuração de participação social no caso de direito de retirada em S.A.:

§ 1º O estatuto pode estabelecer normas para a determinação do valor de reembolso, que, entretanto, somente poderá ser inferior ao valor de patrimônio líquido constante do último balanço aprovado pela assembleia-geral, observado o disposto no § 2º, se estipulado com base no valor econômico da companhia, a ser apurado em avaliação (§§ 3º e 4º).

Consoante se pode notar, a norma supra padece da mesma omissão que o Código Civil, abrindo espaço para critério econômico de avaliação, mas, igualmente, não dá as bases de sua apuração.

De toda forma, a fim de evitar desgastes e enfrentamento do tema em disputas judiciais ou arbitrais, é certo que compete ao contrato/ /estatuto social regrar a questão, definindo fórmulas e parâmetros de apuração de haveres, bem como o seu pagamento, isso tudo com vistas a garantir a preservação da sociedade familiar.

Por sinal, é interessante que exista uma fórmula para cada hipótese de saída, pois não é justo, tampouco razoável, que se adotem parâmetros equivalentes nos casos de recesso e exclusão, por exemplo, pois uma é um direito garantindo ao sócio e o segundo uma punição por falta grave.

Em vista disso, segue abaixo uma possível cláusula para apuração de haveres em tais situações no âmbito de sociedades limitadas:

1. No caso de exclusão de Quotista, o quotista excluído será reembolsado pelas quotas que detiver na Sociedade com base no valor contábil, apurado pelo balanço especial efetuado na data da exclusão, sem consideração de intangíveis, considerando a situação da sociedade na data da exclusão.

2. No caso de retirada de Quotistas da Sociedade, isto é, saída de sócios exceto pela hipótese de exclusão da sociedade, o quotista retirante será reembolsado pelas quotas que detiver na Sociedade com base no valor patrimonial, apurado pelo balanço especial efetuado na data da dissolução, falência, extinção, insolvência, falecimento ou declaração de incapacidade, nos estritos termos do art. 605, Código de Processo Civil.

Do exposto, reforça-se a máxima de que omissão não é benéfica para o Protocolo Familiar, o que se estende também aos casos de falecimento de sócios e apuração de haveres dos herdeiros, caso não admitidos nos quadros sociais.

4.2.9 Formas de resolução de disputas

Por fim, existe aspecto bastante sensível e que necessariamente deve ser regrado no contrato/estatuto social por influência do Pacto Familiar, trata-se da forma de resolução de conflitos, que pode se dar por autocomposição ou heterocomposição, sendo que a primeira opção pode ser bem explorada através da Assembleia/Reunião de Sócios, conforme adiante se destaca.

Por outro lado, em vista de determinação normativa, é necessário definir um foro para os atos que envolvam terceiros como julgadores, isto é, se serão utilizados expedientes de arbitragem, com a vantagem da confidencialidade e utilização de árbitros conhecedores do tema, mas que, por outro lado, demandam valores consideráveis; ou se o Judiciário seria o melhor cenário, mas, nesse caso, o volume de ações judiciais e

LEGALIDADE, EFICÁCIA E IMPLICAÇÕES SOCIETÁRIAS DO PROTOCOLO FAMILIAR

a falta de conhecimento especializado do magistrado são empecilhos a uma resolução rápida e eficiente.

Nessa circunstância, é preciso avaliar que, em cada caso concreto e para a realidade de cada sociedade familiar, existem fatores que devem ser considerados e pesados no momento de se eleger para qual foro serão endereçadas as disputas societárias.

Inclusive, para mitigar os efeitos financeiros de uma arbitragem, por exemplo, é possível realizar um escalonamento, em termos de valores, de que até determinado importe será utilizado o Judiciário e acima de dado valor a arbitragem é um expediente válido. Isso porque, os atos constitutivos, independentemente da essência da sociedade que visam regular, são um negócio jurídico e admitem a livre negociação[157].

Contudo, por uma linha ou outra, a questão deve estar previamente alinhada nos atos constitutivos da sociedade e suas posteriores alterações, pois é na calmaria que essas questões são melhores pensadas e estruturadas e não na tempestade de uma disputa societária e familiar.

Em termos de aspectos essenciais dos atos constitutivos, sob influência do Protocolo Familiar, estes são elementos que devem constar, de modo geral, no contrato/estatuto social, competindo avaliar, agora, o que deve ser inserido no acordo de sócios.

4.3 Previsões no acordo de sócios

Delimitado o que pode e deve conter nos atos constitutivos de sociedades familiares por força de disposições estabelecidas no Pacto Familiar, visando garantir-lhe eficácia, convém evidenciar elementos primordiais do acordo de sócios. Já que representam uma complementaridade aos Protocolos Familiares, conforme destaca Roberta Nioac Prado:

> Tanto acordos societários quanto *protocolos familiares* são instrumentos que buscam prevenir conflitos, mas localizam-se em cenários diferentes. Enquanto o acordo societário regula a relação dos proprietários (familiares ou

---

[157] Em complementação, convém relembrar que o CPC/15 trouxe a figura do negócio jurídico processual, que reforça a possibilidade de os sócios criarem cenários distintos de resolução de conflitos, a ver: "Art. 190. Versando o processo sobre direitos que admitam autocomposição, é lícito às partes plenamente capazes estipular mudanças no procedimento para ajustá-lo às especificidades da causa e convencionar sobre os seus ônus, poderes, faculdades e deveres processuais, antes ou durante o processo".

144

não) com a propriedade (exercício do direito de voto e poder de controle, direito de preferência e compra e venda de cotas e ações), o *protocolo familiar* destina-se à família empresária, sua conduta em relação à empresa familiar e, até mesmo, da empresa familiar com a comunidade em que inserida, a depender dos valores e princípios familiares.[158]

Nesse passo, importante destacar que acordo de sócios nada mais é do que um contrato sujeito aos ditames do art. 104, Código Civil, devendo, assim como o próprio Pacto Familiar, observar as diretrizes gerais de validade do negócio jurídico e os princípios contratuais aplicáveis, gerando direitos e obrigações.

Nessa esteira, tal pacto caracteriza-se como um contrato preliminar (define as bases de uma situação e eventual contratação, com verdadeira condição suspensiva) e de trato sucessivo, eis que visa regular situações futuras, concretizando-se se e quando as hipóteses lá descritas vierem a ocorrer.

Ou seja, define regras e diretrizes, mas em alguns casos não tem a forma necessária, conforme dispõe o art. 463, CC: "Concluído o contrato preliminar, com observância do disposto no artigo antecedente, e desde que dele não conste cláusula de arrependimento, qualquer das partes terá o direito de exigir a celebração do definitivo, assinando prazo à outra para que o efetive". Todavia, possui meios próprios de execução específica, conforme garantem os §§8º e 9º do art. 118 da Lei n. 6.404/76.

Acerca do cunho contratual do acordo de sócios delimita Nelson Eizirik:

> Portanto, o acordo de acionistas possui natureza jurídica de contrato e, como tal, está sujeito às normas comuns de Direito Civil, quanto aos requisitos de validade e eficácia do negócio jurídico.
>
> Como qualquer contrato, o Acordo de Acionistas gera obrigações eficazes para as partes, autorizadas que estão elas, pelo ordenamento jurídico, a autorregular suas relações e seus interesses em cada caso concreto.

---

[158] PRADO, Roberta Nioac. **Reflexões sobre protocolo familiar**. In: PRADO, Roberta Nioac (Coord). **Empresas familiares: uma visão interdisciplinar**. São Paulo: Noeses, 2015, p. 255.

LEGALIDADE, EFICÁCIA E IMPLICAÇÕES SOCIETÁRIAS DO PROTOCOLO FAMILIAR

A obrigatoriedade do cumprimento do que houver sido livremente pactuado pelas partes (princípio da força obrigatória dos contratos) encontra seu fundamento lógico na segurança das relações jurídicas em que se estrutura o regime econômico.

Aquilo que as partes, de comum acordo, estipularam no contrato deverá ser fielmente cumprido, como se lei fosse – *pacta sunt servanda* –, salvo na hipótese de caso fortuito ou força maior.

Tratando-se, pois, o Acordo de Acionistas, de um contrato, tem força obrigatória, isto é, suas cláusulas criam direitos e geram obrigações para as partes, as quais não podem pretender desvincular-se do pactuado sem a prévia concordância dos demais contratantes.[159]

Além disso, consoante expõe Luiz Gastão Paes de Barros Leães, acordo de sócios se caracteriza por:

(...) um contrato que se posiciona à margem do contrato social, embora dele dependa, pois a sociedade gerada pelo contrato principal, logicamente o precede. São denominados "parassociais", pois são contratos avençados à ilharga da sociedade, que existem paralelamente ao contrato social, quer dizer, têm existência paralelas, nunca tangenciam. Embora operando fora do âmbito da sociedade, na esfera privada dos sócios, os acordos de acionistas, porém, produzem reflexos no seio da própria sociedade, visto que adentram o campo privado dos direitos dos sócios *enquanto sócios*.[160]

Portanto, os acordos de sócios complementam o contrato/estatuto social, amealhando obrigações e direitos responsáveis por regular a relação social, vinculando a sociedade e terceiros, o que corrobora o dever de ser claro e não deixar margem à interpretação ou dúvidas, em que pese a sociedade poder questionar acerca dos limites de sua contratação (§10 do art. 118, LSA).

Quanto ao acordo de acionistas, este vincula a sociedade e terceiros, após averbado no livro de registro de ações e arquivado na companhia,

---

[159] EIZIRIK, Nelson. Acordo de acionistas regulando o exercício do poder de controle, interpretação dos §§8º e 9º do art. 118 da Lei das S.A.. In: CARVALHOSA, Modesto e EIZIRIK, Nelson (coords.). **Estudos de Direito Empresarial**. São Paulo: Saraiva, 2010, p. 33.

[160] LEÃES, Luiz Gastão Paes de Barros. **Estudos e pareceres sobre sociedades anônimas.** São Paulo: Ed. RT, 1989, p. 215-216.

nos limites do art. 118, Lei n. 6.404/76, isto é, para contratos que versem sobre compra e venda de ações, preferência para adquiri-las, exercício do direito de voto e, por consequência, regulamentação do poder de controle; logo, matérias fora desse âmbito vinculam apenas os acionistas signatários, conforme destaca Nelson Eizirik ao comentar sobre o art. 118, LSA:

> O acordo pode tratar de compra e venda das ações, do direito de preferência para adquiri-las, do exercício do voto e do poder de controle. Também pode disciplinar matérias, caso em que a companhia não estará obrigada a observá-las. Ou seja, dada a redação do caput, a enumeração é exaustiva para a companhia e liberada para os acionistas. A obrigação da companhia é de dar cumprimento ao acordo relativamente às matérias previstas no caput deste artigo, assegurando a observância dos direitos e obrigações pactuados entre os acionistas convenentes, o que não a torna parte; deve, assim, impedir a transferência das ações de uma das partes em violação ao acordo, ou não computar o voto proferido em sentido contrário ao previamente pactuado.[161]

Por seu turno, o acordo de quotistas não possui rol de matérias para vinculação, mas em vista da omissão tende a seguir a lógica do art. 118, LSA, sendo mesmo oportuno se fazer a ressalva no contrato social de que a sociedade rege-se supletivamente por tal norma.

Em termos gerais, o acordo de sócios pode ser de comando, bloqueio ou defesa. Na primeira hipótese regula-se o poder de controle, com os reflexos e responsabilidades imputados pelos artigos 116 e 117, LSA, isto é, forma de exercício do comando e atuação de cada sócio na sua configuração. Já acordo de bloqueio é o que afasta a livre circulação de ações e costuma delimitar direito de preferência ou de primeira oferta, bem como eventual período de *lock up*[162], o que retira, ainda que episódica ou circunstancialmente, o caráter de livre circulação das participações sociais. Por fim, o acordo de defesa visa resguardar direito dos minoritários, conferindo-lhes garantias adicionais às legais, especialmente em

---

[161] EIZIRIK, Nelson. **A Lei das S/A Comentada**. 2ª ed. Vol. II. São Paulo: Quartier Latin, 2015, p. 268.

[162] Período de *Lock Up* significa dado período de tempo em que os sócios não podem alienar sua participação social, obrigando-se, temporariamente, a manter o vínculo social.

matérias mais sensíveis e que podem impactá-los mais diretamente, como é o caso de uma diluição patrimonial, por exemplo.

Nessa ordem de ideias, acordo de sócios é um instrumento essencial a promover arranjos e organização social, de modo que em sociedades familiares destina-se, basicamente, a acordos de bloqueio e comando, isso porque os acordos de defesa são direcionados a garantir direitos de minoritários, o que ainda não se constitui uma realidade muito presente no Brasil[163], ainda mais em sociedades familiares, que, como visto, estão no exercício do poder de controle.

De toda sorte, considerando que cada vez mais existem investidores, especialmente fundos interessados em investir em empresas familiares, é certo que não se desconhece a importância de mecanismos de defesa a tais sócios que ingressam na atividade social com vistas a promover alavancagem das atividades comerciais. Entretanto, nossa análise será voltada a acordos de bloqueio e comando, haja vista serem mais representativos em empresas familiares e, obviamente, serem decorrência direta das previsões do Pacto Familiar.

Nesse contexto, sobre acordo de bloqueio, é recomendável que o Protocolo Familiar, após captar os anseios da família e sua necessidade de manutenção das ações/quotas, traga disposições gerais a serem aplicadas à sociedade, o que deve ser ratificado e complementado por meio do acordo de sócios, quanto à participação societária dos familiares e consequente manutenção da propriedade no seio da família. Isso, por sua vez, se reflete através da regulação do direito de preferência ou primeira oferta, sendo que se garante aos demais sócios a possibilidade de adquirem a participação daquele que se retira, evitando, com isso, ingresso de pessoas estranhas à família no capital social.

Lado outro, caso o acordo seja de comando, existem diversas previsões que devem regular a relação entabulada, isso para que fique claro o papel e os limites de atuação dos controlados e controladores, sendo válido lembrar que, nesse caso, todos os signatários, independentemente

---

[163] Isso porque, em sua maioria, as sociedades brasileiras possuem capital concentrado e não pulverizado. In: ROCHA, André. Controle definido ou pulverizado? O que é melhor para o minoritário. 30 de nov. de 2011. Disponível em: http://www.valor.com.br/valor-investe/o--estrategista/1118274/controle-definido-ou-pulverizado-o-que-e-melhor-para-o-minorita. Acesso em 01.09.2017.

IMPLICAÇÕES SOCIETÁRIAS DO PROTOCOLO FAMILIAR

da participação social que detenham isoladamente, serão responsabilizados, em caso de danos, como se controladores fossem.

Vale dizer, o bloco de controle é visto como um todo indivisível, em que a maioria leva a minoria, não podendo esta evocar sua participação social para se livrar de eventual responsabilidade, pois se, de forma conjunta, o bloco prepondera nas assembleias, elege a maioria dos administradores e exerce efetivamente este poder de forma perene, a minoria não pode pretender ter o melhor dos dois mundos, isto é, exercer controle e não ter responsabilidade de controlador. Acerca dos efeitos do bloco de controle esclarece Arnoldo Wald:

> Como se viu, a legislação brasileira destacou a função do acionista controlador (individual ou em grupo), atribuindo-lhe esta condição sempre que faça prevalecer a sua vontade no seio da companhia. Caracterizado o acionista ou grupo de acionistas como controlador, a nível direto ou indireto, o mesmo assume responsabilidade e obrigações especialíssimas, sendo irrelevante o modo legal através do qual este controle foi exteriorizado.[164]

Nesse contexto, o acordo de comando implica, indubitavelmente, uma relação direta entre as partes, em que todos se mostram vinculados, razão pela qual dispositivos que definem quóruns especiais, realização de reunião prévia para deliberar antecipadamente como o bloco irá votar em relação à ordem do dia de uma assembleia/reunião de sócios, regras para escolha de conselheiros e diretores são questões que devem integrar o acordo.

Portanto, o acordo deve estar permeado por disposições que reflitam as ideias do bloco enquanto proprietários controladores e familiares, especialmente em matérias mais sensíveis e com maior probabilidade de desgaste, aspectos estes que, necessariamente, afetam a rotina da sociedade.

Entretanto, é importante ter em mente que o poder de controle não é absoluto, devendo ser exercido nos limites do interesse da própria sociedade, sob pena de responsabilização e mesmo penalização, precipuamente em caso de companhias abertas, sujeitas à fiscalização dos órgãos

---

[164] WALD. Arnoldo. Da caracterização da alienação de controle. **Revista de Direito Bancário**, n. 38, p.189-203.

reguladores. Dessa forma, ao se estabelecer o Protocolo Familiar e, via de consequência, ajustes no acordo de sócios é imperioso que esses limitadores sejam considerados.

Nesse particular, ponto chave do acordo de sócios que deve chamar à atenção diz respeito à sua vigência, sendo que se recomenda, sempre, que o mesmo tenha prazo determinado, podendo ser renovado, isso para evitar a alegação de que contrato por prazo indeterminado admite denúncia a qualquer tempo. Assim, os sócios estariam obrigados por período certo de tempo, sendo que a denúncia só poderia ocorrer por justa causa, dando maior segurança jurídica a tal documento.

Não obstante, é extremamente pertinente que os acordos prevejam as chamadas *deadlock provisions*, vale dizer, mecanismos extrajudiciais de resolução de disputas, evitando que as mesmas se arrastem ao Judiciário ou Tribunais Arbitrais. Tais cláusulas, em resumo, visam resolver impasses, o que pode ou não acarretar o rompimento do vínculo empresarial.

Como formas mais comuns de resolução, existem as chamadas cláusulas texana e roleta russa. A texana caracteriza-se por as partes trocarem simultaneamente propostas com valores para aquisição da participação social uma da outra, sendo que a parte que apresentar o maior deles tem o direito de adquirir as ações/quotas.

Já na roleta russa uma parte notifica a outra para comprar ou vender sua participação a um determinado valor e a parte notificada tem determinado prazo para definir se, por aquele importe, pretende comprar ou vender sua participação.

De outra banda, há outras possibilidades de rompimento do vínculo societário, como obrigação de compra ou venda forçada, que também deve ser considerada no Pacto Familiar e, por sua vez, no acordo de sócios, eis que não é de interesse da família, muitas vezes, que as quotas passem a pertencer a terceiros, sendo necessário vincular ou impedir alienação a estranhos, por exemplo.

Entretanto, na definição de *deadlock provisions* é importante que os mecanismos e formas de efetivação dessas medidas sejam previamente ajustados, isto é, condições gerais de compra/venda, tipo e forma das notificações a serem remetidas, documentos a serem firmados, prazos mínimos/máximos, bem como outorga de poder de representação são determinantes, sob pena de a cláusula se esvaziar e perder sua razão de existir enquanto forma célere de resolução de contendas.

Não obstante, é oportuno ponderar sobre a necessidade ou não de inclusão de cláusulas de arrastamento para compra e venda de ações, isto é, *tag* e *drag along*; obviamente, nos casos em que a sociedade não seja companhia aberta, que possui exigência específica de Oferta Pública de Ações[165] em caso de alienação de controle; aliado ao fato de que não se pode obrigar nenhum acionista não signatário do acordo a vender ou comprar.

Assim, *tag along* é entendida como a possibilidade de um sócio, dessa feita integrante do acordo, exercer poder sobre outro no sentido de, caso este tencione alienar sua participação social, e desde que não tenha exercido direito de preferência ou primeira oferta (se o acordo dispuser sobre estas formas de bloqueio), delimitar como condição determinante para que a venda se efetive a terceiro comprador que sua participação social também seja adquirida pelo comprador, sob pena de não se operar o negócio.

A propósito, segue cláusula que pode ser inserida em acordo de sócios sobre esse tópico, sendo que a mesma considera também exercício do direito de preferência:

1. **Direito de Venda Conjunta.** Sem prejuízo ao Direito de Preferência estabelecido em cláusula acima, os Sócios Remanescentes terão o direito

---

[165] Oferta Pública de Ações (OPA) está estabelecida no art. 254-A da LSA, a ver:

Art. 254-A. A alienação, direta ou indireta, do controle de companhia aberta somente poderá ser contratada sob a condição, suspensiva ou resolutiva, de que o adquirente se obrigue a fazer oferta pública de aquisição das ações com direito a voto de propriedade dos demais acionistas da companhia, de modo a lhes assegurar o preço no mínimo igual a 80% (oitenta por cento) do valor pago por ação com direito a voto, integrante do bloco de controle.

§ 1o Entende-se como alienação de controle a transferência, de forma direta ou indireta, de ações integrantes do bloco de controle, de ações vinculadas a acordos de acionistas e de valores mobiliários conversíveis em ações com direito a voto, cessão de direitos de subscrição de ações e de outros títulos ou direitos relativos a valores mobiliários conversíveis em ações que venham a resultar na alienação de controle acionário da sociedade.

§ 2o A Comissão de Valores Mobiliários autorizará a alienação de controle de que trata o caput, desde que verificado que as condições da oferta pública atendem aos requisitos legais.

§ 3o Compete à Comissão de Valores Mobiliários estabelecer normas a serem observadas na oferta pública de que trata o caput.

§ 4o O adquirente do controle acionário de companhia aberta poderá oferecer aos acionistas minoritários a opção de permanecer na companhia, mediante o pagamento de um prêmio equivalente à diferença entre o valor de mercado das ações e o valor pago por ação integrante do bloco de controle.

de participar de qualquer Alienação de Quotas/Ações realizada pelo Sócio Alienante, nas mesmas condições, inclusive de preço por Quota/Ação. O Direito de Venda Conjunta poderá ser exercido pelos Sócios Remanescentes (i) proporcionalmente à participação detida por tal sócio no capital social da Sociedade; ou (ii) a totalidade das Quotas/Ações detidas pelos Sócios Remanescentes que exercerem seu Direito de Venda Conjunta, caso ocorram Alienações diretas de Quotas/Ações que representem, em uma ou mais operações, Alienação de 50% (cinquenta por cento), ou mais, das Quotas/Ações de titularidade da Sócia Alienante.

2. **Preço Mínimo.** Nos casos de Alienação de Quotas/Ações, o preço de compra e venda das Quotas/Ações será o valor pelo qual o Sócio Alienante houver concedido anteriormente o direito de preferência aos Sócios Remanescentes e nas mesmas condições.

3. **Notificação de Alienação.** Para o exercício do Direito de Venda Conjunta previsto nesta Cláusula, o Sócio Alienante deverá enviar uma Notificação de Alienação aos Sócios Remanescentes, contendo: (i) os termos e condições da Alienação de Participações Societárias em formato de proposta firme, incluindo o tratamento a ser dado para as eventuais contingências da Sociedade e as correspondentes indenizações; (ii) a quantidade de Participações Societárias a serem Alienadas, direta ou indiretamente, e o respectivo preço de exercício deste direito, que será aquele atribuído pelo terceiro adquirente às Participações Societárias a serem Alienadas, direta ou indiretamente; e (iii) nome e identificação completa do terceiro adquirente, incluindo (a) grupo econômico ao qual pertença, e (b) identificação dos controladores diretos e indiretos, até o nível de pessoa física, caso seja aplicável ("Notificação de Alienação").

4. **Exercício do Direito de Venda Conjunta.** Os Sócios Remanescentes deverão responder à Notificação de Alienação, por escrito, no prazo de 30 (trinta) dias contados a partir do recebimento de referida notificação, informando o exercício do seu respectivo Direito de Venda Conjunta.

5. **Efeitos do Exercício do Direito de Venda Conjunta.** Na hipótese de exercício do Direito de Venda Conjunta por qualquer dos Sócios Remanescentes, o Sócio Alienante deverá incluir as Ações/Quotas detidas pelo Sócio Remanescente que exerceu seu Direito de Venda Conjunta na Alienação de Ações/Quotas, de forma que (i) cada sócio aliene uma quantidade de Ações/Quotas proporcional à sua respectiva participação percentual no

capital social da Sociedade; ou (ii) a totalidade das Ações/Quotas detidas pelo Sócio Remanescente que exerceu seu Direito de Venda Conjunta seja alienada no caso de alienações diretas das Ações/Quotas que representem, em uma ou mais operações, Alienação de 50% (cinquenta por cento), ou mais, das Ações/Quotas de titularidade do Sócio Alienante.

6. **Não exercício do Direito de Venda Conjunta.** No caso de não ser exercido o Direito de Venda Conjunta, ou de ausência de resposta à Notificação de Alienação no Prazo para Exercício do Direito de Venda Conjunta, e desde que o direito de preferência não tenha sido exercido, o Quotista Alienante poderá, no prazo de 30 (trinta) dias contados do encerramento do Prazo para Exercício do Direito de Venda Conjunta, realizar a Alienação de Ações/Quotas de sua titularidade ao terceiro adquirente, nos exatos termos e condições constantes da Notificação de Alienação. Após o decurso de tal prazo sem a efetivação da Alienação de Ações/Quotas ao terceiro adquirente, o Quotista Alienante estará novamente sujeito à realização do procedimento previsto nesta Cláusula.

7. **Documentos da Alienação.** Na hipótese de que trata o item 6, o Sócio Alienante deverá, no prazo de 5 (cinco) dias úteis contados da consumação do negócio com o terceiro alienante, enviar aos Sócios Remanescentes todos os documentos que suportaram a Alienação das Ações/Quotas de forma a permitir que os Sócios Remanescentes avaliem ter sido dado integral cumprimento ao disposto nesta Cláusula.

8. **Alienações Nulas e Ineficazes.** Qualquer Alienação que viole o disposto nesta Cláusula será nula e ineficaz perante a Sociedade e os sócios.

Por sua vez, o *drag along*, a grosso modo, refere-se à faculdade de um sócio ou grupo deles, também signatário do acordo, caso encontre um comprador para sua participação social, obrigar outro quotista/acionista, caso este terceiro comprador assim solicite, a vender sua participação pelas mesmas condições de alienação do sócio inicialmente alienante. Igualmente, segue sugestão de cláusula sobre o tema quando se trata de alienação de participação igual ou superior a 50% (cinquenta por cento) do capital social – também quando o acordo já versa sobre direito de preferência, em sociedades limitadas e anônima fechada:

1. **Obrigação de Venda Conjunta.** Observado o Direito de Preferência estabelecido na Cláusula acima, na hipótese de qualquer Sócio ou grupo de

Sócios titulares de, no mínimo, 50% (cinquenta por cento) do capital total e votante da Sociedade, receber de um terceiro adquirente uma oferta irrevogável e irretratável para aquisição da totalidade, e não menos que a totalidade, das Ações/Quotas, cujo preço de aquisição deverá ser igual ou superior ao Preço pelo qual se outorgou direito de preferência; e desde que não seja exercido o Direito de Preferência pelos outros Sócios, o Sócio do *Drag Along* terá o direito de exigir que os outros Sócios alienem para o terceiro adquirente, em conjunto com o Quotista do *Drag Along*, a totalidade das Ações/ Quotas, nas mesmas condições, inclusive de preço por Ação/ Quota.

2. **Exercício**. Para o exercício da Obrigação de Venda Conjunta, o Sócio do *Drag Along* deverá enviar uma Notificação de Alienação aos outros Sócios, na qual deverá constar expressamente que a proposta do terceiro adquirente tem por objeto a aquisição da totalidade das Ações/Quotas, razão pela qual o não exercício do Direito de Preferência acarretará a obrigatoriedade dos Quotistas alienarem a totalidade das Ações de sua titularidade em conjunto com a Quotista do *Drag Along*. Tal notificação ainda deve conter: (i) os termos e condições da Alienação de Participações Societárias em formato de proposta firme, incluindo o tratamento a ser dado para as eventuais contingências da Sociedade e as correspondentes indenizações; (ii) a quantidade de Participações Societárias a serem Alienadas, direta ou indiretamente, e o respectivo preço de exercício deste direito, que será aquele atribuído pelo terceiro adquirente às Participações Societárias a serem Alienadas, direta ou indiretamente; e (iii) nome e identificação completa do terceiro adquirente, incluindo (a) grupo econômico ao qual pertença, e (b) identificação dos controladores diretos e indiretos, até o nível de pessoa física, caso seja aplicável ("Notificação de Alienação").

3. **Efeitos da Notificação**. No caso de não ser exercido o Direito de Preferência, ou de ausência de resposta à Notificação de Alienação no Prazo para Exercício do Direito de Preferência, o Sócio do *Drag Along* poderá realizar a Alienação de todas, e não menos que todas, as Ações/Quotas, nas mesmas condições previstas em referida notificação, obrigando-se os outros Sócios a praticarem todos os atos necessários à efetivação da Alienação de Ações/ /Quotas, no prazo previsto em referida notificação, concomitante ao Sócio do *Drag Along*, sendo que os sócios outorgam-se desde já poderes de representação para o fiel cumprimento da presente cláusula.

4. **Efeitos da não Alienação sob a Obrigação de Venda Conjunta**. Se o Sócio do *Drag Along* não efetivar a Alienação de Ações/Quotas ao terceiro

adquirente no prazo de 60 (sessenta) dias contados a partir do recebimento, pelo outro Sócio, da Notificação de Alienação prevista no item 2 acima, o Sócio do *Drag Along* estará novamente sujeito à realização do procedimento previsto nesta Cláusula.

Como se pode ver, também nas hipóteses de *tag* e *drag along* o acordo de sócios deve ser claro, com obrigações e formas de efetivação das medidas, mesmo porque, como contrato preliminar que é, deve encerrar todos os elementos de um contrato definitivo, exceto a forma, sem contar que para ganhar força vinculante e executiva deve conter obrigações certas e determinadas.

Entretanto, cada uma dessas previsões demanda análise em concreto, devendo ser compatibilizada com a realidade de cada empresa familiar.

Sem prejuízo, é certo que o acordo de sócios pode ainda ter disposições sobre requisitos para eleição de administradores, normas do conselho de administração, contratação com partes relacionadas, transferência de ações a terceiros e política de distribuição de dividendos, aspectos que serão a seguir destrinchados, o que se faz não necessariamente sob a ótica do acordo de sócios, mas é conveniente ressaltar que tal documento pode e deve ter ajustes sobre o tema, principalmente se a sociedade contar com sócio alheio ao seio familiar.

4.4 Conselho de Administração e seu papel fundamental

Conforme declinado em diversas oportunidades, é primordial que as questões familiares e empresariais tenham meios e foros adequados para discussão, sendo que as questões afetas à família ficam resguardados ao conselho familiar e, por seu turno, os aspectos de gestão podem e devem ser discutidos no âmbito do conselho de administração.

No tangente ao Conselho de Administração, ele tem obrigações ínsitas à atividade empresarial, inclusive com competência especificamente delineada na LSA, devendo traçar diretrizes para a sociedade, fiscalizar trabalho da diretoria, incluindo sua nomeação e destituição, convocar assembleia de sócios quando entender pertinente etc. Sobre o tema é bastante esclarecedora a explicação de Marlon Tomazette:

O Conselho de Administração exerce basicamente dois tipos de funções: uma relacionada à propriedade e outra relacionada à gestão. No que tange à propriedade, o Conselho deve atuar representando o interesse da empresa, da atividade e não o dos acionistas, tomando as decisões estratégicas de investimento e financiamento, bem como outras matérias mais complexas. Já no que diz respeito à gestão, o Conselho deve atuar para ratificar as decisões dos diretores e monitorar suas atividades. Os Conselhos são instituídos para orientar, não para administrar, e têm a tarefa de definir o propósito de suas empresas e de estabelecer a estratégia para a consecução desse propósito. São responsáveis por nomear executivos que transforma em ação os planos estratégicos, por apoiá-los e aconselhá-los nesse sentido e, se necessário, por substituí-los.[166]

Acerca da importância do conselho de administração, destaca Gersick *et al.*:

As três finalidades fundamentais de um Conselho de Administração são (1) considerar e representar os interesses dos proprietários; (2) formular e monitorar o objetivo estratégico de longo prazo da empresa; (3) ser o principal conselheiro para o executivo principal. Em empresas nas quais a gerencia é estritamente profissional, o CEO trabalha para o conselho e é por ele contratado e supervisionado. Quando o CEO também é um acionista importante, como na maioria das empresas familiares, a função de revisão assume a forma de feedback honesto e, em alguns casos, de monitoria da capacidade de alta gerência para implementar o planejamento estratégico.[167]

Ainda sobre o papel do conselho de administração, Gersick *et al.* continua:

Em todos os estágios de propriedade, o Conselho auxilia na formulação de políticas, ajuda o CEO a tomar decisões complexas e a desenvolver objetivos de longo prazo, e monitora o desempenho da empresa. No estágio de Propriedade Controlador do desenvolvimento de propriedade e no está-

---

[166] TOMAZETTE, Marlon. O conselho de administração nas sociedades familiares. In: COELHO, Fábio Ulhoa; FÉRES, Marcelo Andrade. (Coord.). **Empresa Familiar: Estudo jurídicos**. São Paulo: Saraiva, 2014, p. 300.
[167] GERSICK, Kelin *et al.* **De geração para geração: ciclos da vida das empresas familiares**. São Paulo: Negócios, 1997, p. 229.

gio Inicial da empresa, as funções de "contribuição" do Conselho são vitais. Dentre as questões típicas, incluem-se estas: Nosso produto ou serviço é viável? Quando e como devemos diversificar? Dispomos dos talentos certos para operar ao mínimo custo possível? Que risco podemos assumir e quais são as nossas fontes de capital? O que precisamos saber para sobreviver?[168]

Por sua vez, o Conselho de Administração pode ser um interessante meio de profissionalizar a companhia, ao nomear alguns conselheiros independentes, fiscalizar o trabalho da diretoria, bem como estabelecer metas e diretrizes. Ao comentar acerca de mecanismos de profissionalização e preservação da empresa familiar, Sergio Botrel complementa:

> O Conselho de Administração tem ganhado mais poderes e tem-se dado mais importância para a sua formação e atuação considerando-se tal órgão fundamental para a realização das boas práticas de governança corporativa. Trata-se de um órgão colegiado de deliberação e não de execução, sendo a instância mais adequada para a prevenção dos conflitos entre os diversos núcleos envolvidos em uma sociedade familiar, protegendo-se a atividade da sociedade.[169]

Nota-se, portanto, que o conselho de administração desempenha uma função primordial, eis que, a um só tempo, além de servir como excelente forma de implementação de políticas de governança corporativa, que certamente agregam valor à sociedade, ainda permite definir as orientações gerais na condução do negócio, que, de forma colegiada e enriquecedora, tem seu destino planejado.

Portanto, o conselho de administração é instrumento ímpar ao desenvolvimento de políticas de manutenção da unicidade da sociedade familiar, já que, da mesma forma que o conselho de família, acompanha o desenvolvimento da propriedade e, primordialmente, gestão.

Com efeito, o conselho não apenas traça parâmetros, mas pode ter para si reservada a função de tomar decisões que envolvem maior repre-

---

[168] GERSICK, Kelin *et al.* **De geração para geração: ciclos da vida das empresas familiares.** São Paulo: Negócios, 1997, p. 232.

[169] BOTREL, Sergio. **Mecanismos de profissionalização e preservação da empresa familiar.** In: COELHO, Fábio Ulhoa; FÉRES, Marcelo Andrade. (Coord.). **Empresa Familiar: Estudo jurídicos.** São Paulo: Saraiva, 2014, p. 300/301.

LEGALIDADE, EFICÁCIA E IMPLICAÇÕES SOCIETÁRIAS DO PROTOCOLO FAMILIAR

sentatividade na sociedade, bem como convocar assembleia geral quando entender que dada matéria pode e deve ser apreciada pelos sócios, visando, inclusive, evitar um litígio.

Não obstante, o conselho também monitora e fiscaliza o trabalho da diretoria, de forma que, caso algum diretor esteja pondo em risco a continuidade dos negócios, deve adotar medidas para ceifar tal comportamento, podendo, inclusive, destituir tal diretor e nomear outro para sua função.

Obviamente que, da mesma forma que a diretoria, é essencial que o conselho de administração tenha um regimento interno e agenda de encontros pré-definida, com pautas específicas e previamente divulgadas, isso para proporcionar que seus membros tenham tempo de estudar e se aprofundar sobre os temas a serem deliberados, pois, do contrário, sua atuação se torna inócua e apenas proforma.

Inclusive, no âmbito do conselho de administração, a depender da atividade desempenhada pela sociedade empresária, é interessante a criação de comitês para auxiliar os trabalhos a serem desenvolvidos, redundando em maior engajamento de todos (comprometimento é fundamental), bem como conhecimento efetivo sobre as engrenagens que fazem a atividade social se movimentar.

No ponto, o comitê de auditoria ganha papel de destaque nessa estrutura, pois concede maior eficiência à função fiscalizadora do Conselho de Administração, mormente porque acompanha a rotina e o trabalho dos diretores mais de perto, o que não fica tão evidente aos conselheiros, que apenas eventualmente se reúnem.

Juntamente a estes comitês seria interessante a presença de um secretário que auxiliasse no acompanhamento das reuniões, lavratura de atas, disponibilização de material e atividades afins, tudo para dar maior eficácia às atividades do conselho.

Destaca-se que tais comitês não possuem poder deliberativo, contudo, auxiliam os conselheiros no processo de compreensão e estudo dos temas a serem tratados, especialmente o comitê de auditoria, com importância ímpar na fase de acompanhamento e monitoramento das atividades desenvolvidas.

Da mesma forma, em vista do caráter familiar da sociedade, a assembleia reforça seu papel hierárquico, inclusive como foro para resolução de impasses entre sócios, o que, inclusive, pode e deve ser fomentado pelo próprio conselho de administração, que tem competência para convocá-la.

4.5 Assembleia/Reunião de sócios e forma de resolução de conflitos

A despeito da existência de mecanismos específicos para resolução de conflitos societários, nada mais natural que os mesmos sejam passíveis de discussão e ponderação por meio de assembleia ou reunião de sócios, já que, como diz o adágio popular, "roupa suja se lava em casa".

Nesse particular, insta relembrar a distinção existente entre as formalidades da assembleia que deve ocorrer no âmbito da sociedade anônima e as relativizações admitidas nas sociedades limitadas para reunião de sócios.

Por disposição legal, as sociedades limitadas, caso o contrato social assim preveja, admitem alterações nas regras atinentes à convocação e realização das assembleias. Isso porque, nas sociedades limitadas com até 10 (dez) quotistas permite-se a flexibilização das regras rígidas de convocação e formalidades de realização e registro das deliberações, competindo ao contrato social estabelecer as normas que irão regrar o encontro de sócios.

Por outro lado, as sociedades anônimas devem, necessariamente, atentar aos requisitos e regras de convocação, instauração e deliberação definidas na LSA, sob pena de vício de formalidade. Não obstante, destaca-se que se em dada assembleia todos os acionistas estiverem presentes supre-se a necessidade de observância dos procedimentos de convocação, prevalecendo a máxima da essência sobre a forma.

Porém, sem aqui adentrar aos requisitos formais da lei sobre convocação e realização de assembleia, mister destacar que a assembleia, órgão máximo de deliberação dos sócios, mostra-se como uma excelente oportunidade de resolução de eventuais problemas que estejam ocorrendo no seio da sociedade com relação a *shareholders*.

Vale dizer, antes de os problemas transbordarem os limites sociais e desembocarem em demandas judiciais ou arbitrais, nada mais natural que se tente resolvê-los internamente. Portanto, a assembleia serve como uma forma de resolução de conflitos sem que se envolva terceiros nesse processo.

Acerca do poder da assembleia destaca Fran Martins ao comentar sobre o art. 121 da LSA:

> A lei atual não define, como fazia a anterior (art. 85), a assembleia geral, que era conceituada como a "reunião dos acionistas, convocada a instalada na forma da lei e dos estatutos a fim de deliberar sobre matéria de interesse social". De qualquer modo, apesar de não reproduzir a lei esse artigo, o conceito de assembleia geral continua sendo o mesmo. É ela considerada o poder mais alto da sociedade, por ter função deliberativa, que influirá, inclusive, na administração e nos próprios acionistas. É justamente através da assembleia que a vontade social se manifesta; o seu poder, assim, só encontra limites na lei e no estatuto, sendo que, em relação a este, pode ainda a assembleia modifica-lo, nas formas expressas previstas na lei.[170]

Logo, a assembleia é o órgão de maior hierarquia no âmbito da sociedade, assim, por que não a utilizar, também, como forma de resolução de impasses antes que eles se tornem demandas judiciais ou arbitrais?

Por sinal, esta possibilidade pode e deve partir do próprio Protocolo Familiar que, nesse particular, para além de produzir efeitos no estatuto/contrato social, também deve incentivar a cultura de resolução de problemas "em casa". Ou seja, caso determinada situação fuja aos controles do conselho de administração e familiar, deve passar, ainda, pelo crivo de deliberação da assembleia, como *ultima ratio*, antes de efetivamente se ter um litígio a ser resolvido por terceiros, estranhos à realidade da família e sociedade.

Nessa esteira, devem existir três esferas de solução de impasses, quais sejam: (i) conselho de família, para tratar de temas afetos à organização familiar, inclusive seu patrimônio; (ii) conselho de administração, que dá as diretrizes e formas de condução dos negócios sociais, fiscalizando a atuação da diretoria; e (iii) assembleia geral, destinada ao debate de temas que, além de sua competência exclusiva, caso do art. 121 da LSA, pode e deve ter um propósito conciliatório.

Portanto, nada mais óbvio do que se utilizar das estruturas de poder já existentes para organizar a rotina social.

---

[170] MARTINS, Fran. **Comentários à Lei das Sociedades Anônimas**. Rio de Janeiro: Forense, 2010, p. 429.

Esse tipo de procedimento é extremamente salutar, pois evita exposição da sociedade e, por arrastamento, da família, bem como permite uma forma mais rápida de solução, conforme esclarece André Antunes Soares de Camargo:

> Portanto, pode-se concluir que a melhor forma de solução de controvérsias para um conflito societário é a autocomposição, realizada na própria assembleia/reunião de sócios, cujas regras de funcionamento são claras, justas conhecidas e internalizadas pelos próprios sócios e observadas na prática. Ainda que tais não estejam presentes, sempre se deve lembrar que todos podem perder mais do que já sacrificaram caso se adote qualquer outra modalidade de heterocomposição pública ou privada com a participação de terceiros não sócios que venham a influenciar ou julgar a questão em definitivo. A assembleia/reunião de sócios é, de fato, o foro ideal para resolução desses conflitos. Em jogo, estão repercussões financeiras e reputacionais indesejáveis para quem quer que seja. Se a sociedade é um negócio jurídico de comunhão de escopo, é no momento do surgimento de um conflito que se testará esse "espírito" norteador da vida em sociedade.[171]

Nessa linha de raciocínio, todos têm a ganhar com a adoção desse tipo de política, isto é, utilização da assembleia como forma de auto composição de sócios, pois as formalidades e regras são conhecidas de todos, seja por disposição legal ou por definição contratual; fato que reforça a necessidade de um estatuto/contrato social adequado ao objetivo da sociedade familiar, bem como alinhado com o Pacto de Família.

Ademais, tal reunião ganha relevo quando se fala em garantir a permanência e perpetuidade da empresa/sociedade familiar, pois, para além de uma forma de resolução de conflitos, enseja o desenvolvimento da percepção de copropriedade em relação à sociedade, em que todos devem unir esforços. Sobre o papel das Assembleias Gersick *et al.* esclarece:

> Elas representam uma excelente maneira de perpetuar o forte espírito de propriedade, essencial para manter as gerações posteriores psicológica e

---

[171] CAMARGO, André Antunes Soares. A Assembleia Geral: melhor forma de solução de conflitos societários? In: YARSHELL, Flávio Luiz e PEREIRA, Guilherme Setoguti J. (Coord.). **Processo Societário II**. São Paulo: Quartier Latin, 2015, p. 64.

financeiramente comprometidas com a empresa. Essas reuniões são uma oportunidade para troca de informações na família e para manutenção de relacionamentos – em algumas famílias grandes, chegam a ser a única oportunidade de contato.[172]

Destarte, ressoa claro que a assembleia pode e deve ser melhor explorada no seu próprio limite de atuação, já que permite, por exemplo, a reunião dos sócios e o debate, o que se mostra bastante salutar e menos custoso, indo ao encontro do próprio objetivo do Protocolo Familiar, qual seja, definição de regras para minimizar conflitos.

4.6 Formas de preenchimento de cargos de gestão e aspectos correlatos

Noutro vértice, questão de suma importância, especialmente em sociedades familiares, diz respeito à forma de preenchimento de cargos de gestão, eis que, se não houverem critérios bem definidos, isso pode e certamente gerará discussões familiares acerca de quem é mais indicado a ocupar cargo na empresa, principalmente em momentos de sucessão empresarial.

Inclusive, considerando o Modelo Tridimensional de desenvolvimento da atividade empresarial familiar, conforme estruturado por Gersick *et al.*, esses tipos de conflitos costumam ser vislumbrados a partir da segunda geração, isso porque na primeira, em que a sociedade está em fase de expansão, o fundador ocupa papel central, concentrando boa parte das funções de comando e gerência.

Nesse sentido, torna-se essencial já antever no próprio Protocolo Familiar, o que posteriormente pode e deve ser reforçado em previsões estatutárias e regimentos internos da diretoria e conselho de administração, os requisitos básicos a serem preenchidos por aqueles que irão ocupar função de gestão.

Isto é, se serão aceitos membros da família na diretoria e conselho de administração, qual a formação profissional que cada um deve ter, tipos de experiências anteriores necessárias ao preenchimento do cargo, características indispensáveis. Enfim, elementos que possibilitem a

---

[172] GERSICK, Kelin *et al.* **De geração para geração: ciclos da vida das empresas familiares.** São Paulo: Negócios, 1997, p. 227.

IMPLICAÇÕES SOCIETÁRIAS DO PROTOCOLO FAMILIAR

identificação do perfil ideal do profissional que irá ocupar posição de destaque na sociedade.

Por sinal, é interessante antever, sem prejuízos de atualizações por força de mudanças no mercado profissional, a remuneração que será devida a tais profissionais, tendo em vista que isso certamente é alvo de discussões, isto é, qual seria uma justa remuneração?

Ao emitir parecer sobre remuneração de administradores em sociedades anônimas, Nelson Eizirik esclarece o seguinte:

> Embora não esteja elencado no rol do artigo 122 da Lei das S.A., nos termos do artigo 152, caberá à Assembleia Geral a fixação do montante global ou individual da remuneração dos administradores, tendo em vista as suas responsabilidades, o tempo dedicado às suas funções, a competência, a reputação profissional e o valor dos seus serviços no mercado.
>
> Os valores de remuneração dos membros do Conselho de Administração e da Diretoria podem ser uniformes ou não, devendo atender, em princípio, a hierarquia de cargos e funções variando em razão da competência e merecimento de cada administrador. Todavia, nada impede que o estatuto estabeleça as regras básicas que servirão de critérios para a deliberação anual a respeito da matéria.[173]

Ademais, na sociedade limitada também compete à assembleia/reunião de sócios definir a remuneração dos administradores, devendo-se sopesar, da mesma forma, os requisitos acima referidos.

Assim sendo, tomando em contas os diversos aspectos que norteiam o assunto, passa-se a discorrer separadamente sobre diretoria e conselho de administração.

4.6.1 Conselho de Administração

Por essência, ao conselho de administração compete fixar a orientação geral dos negócios da companhia, bem como eleger e fiscalizar as atividades dos membros da diretoria, sendo que esta previsão decorre da própria LSA e aplica-se tanto às sociedades anônimas, como limitadas, haja vista a omissão do Código Civil sobre o tema, o que enseja obediência aos termos da LSA.

---

[173] EIZIRIK, Nelson. Direito societário: estudos e pareceres. São Paulo: Quartier Latin, 2015, p. 54/55.

Em decorrência dessas atividades que competem aos conselheiros, estes devem ter características necessárias à boa condução da atividade empresarial, como conhecer o mercado e a atividade desenvolvida, de modo que realmente possam contribuir para o crescimento e longevidade da empresa.

Não por outra razão que se mostra oportuno, para fins de alinhamento com princípios de governança corporativa, que existam conselheiros independentes compondo o conselho, isto é, pessoas estranhas ao seio familiar e à própria sociedade que possam oxigenar discussões e trazer uma visão externa, agregando valor à sociedade.

Assim, longe de determinar o afastamento de todos os familiares, seria importante e conveniente que também hajam terceiros alheios ao seio familiar ocupando cargo de gestão, de forma a proporcionar troca de ideias e evitar falhas como vieses cognitivos, por exemplo, em que se analisam as situações empresariais apenas sob uma ótica, perdendo-se a percepção do todo e o contraponto necessário à tomada de decisões, o que acaba minimizando equívocos.

Todavia, as bases, números de conselheiros, formas de composição, número de reuniões, pautas e agendas de encontros, formação prévia, devem estar previamente definidas, tanto por meio do estatuto/contrato social, como em regimentos internos de estruturação e organização das atividades do conselho, sendo tal variável de acordo com cada família, obedecido o mínimo legal de três pessoas.

Sem prejuízo da adequação dessas diretrizes para cada caso concreto, pois isso varia de acordo com a composição da família e nicho de atuação da sociedade, porém, duas regras básicas devem ser adotadas: evitar que membros da diretoria componham o conselho, sendo que a própria LSA dispõe sobre a regra do terço, de sorte que somente um terço dos membros pode coincidir com a diretoria; e adoção de número ímpar de membros.

Tais ajustes e previsões vêm bem ao encontro do Protocolo Familiar, eis que haverá a clara congregação de interesses entre família e gestão.

4.6.2 Diretoria

No tangente à diretoria, a despeito da forma de organização que cada sociedade familiar elege, acreditamos que o processo de nomeação de diretores deve obedecer essencialmente ao critério da meritocracia e não o parental, isto é, depende de perfil profissional previamente analisado e, igualmente, pré-definido.

Sobre esses pontos, o Código de Boas Práticas sugeridas pelo IBGC destaca que:

> A diretoria deve planejar, organizar e controlar os recursos disponibilizados pelo conselho para gerar valor de forma responsável para organização e partes interessadas. Tem a responsabilidade de estabelecer processos, políticas e indicadores que garantam, a si e ao conselho de administração, condições de avaliar objetivamente o padrão de conduta observado na operação da organização.[174]

Nesse contexto, os membros da diretoria devem ser capazes de implementar as rotinas e processos de adoção das políticas definidas pelo conselho de administração e medidas capazes de maximizar o retorno esperado da sociedade, buscando, com isso, a perpetuidade da atividade empresarial.

Igualmente, é interessante que haja constante avaliação do desempenho dos membros da diretoria, já que são os responsáveis por dar efetividade ao objeto social, sendo salutar uma análise que identifique falhas e pontos sensíveis.

Caso a sociedade não possua nenhuma forma pré-definida de avaliação e acompanhamento de desempenho dos membros da diretoria, pode-se partir de uma análise mais simples e rudimentar até que seja possível a implementação de uma análise 360º, isto é, todos os membros da sociedade, acionistas, colaterais e empregados analisam o desempenho da diretoria, sendo esta uma prática aplicada em empresas mais evoluídas e com uma prática recorrente de avaliação.

Entretanto, não apenas o aspecto individual deve ser considerado em uma avaliação, mas também a própria equipe sob a gestão do diretor e, via de consequência, os impactos disso sobre o lucro e ganhos fornecidos aos sócios. Importante ter em mente que diversas linhas devem

---

[174] IBGC –Instituto Brasileiro de Governança Corporativa. **Código das melhores práticas de governança corporativa**. 5ª. ed. São Paulo: IBGC, 2015, 108 p. Disponível em: <http://www.ibgc.org.br/userfiles/2014/files/codigoMP_5edicao_web.pdf> Acesso em: 12 ago. 2017.

compor a avaliação de um profissional, o que contribui inexoravelmente para o crescimento da empresa.

Justamente por isso que a diretoria deve ter um regimento e código de conduta específicos, capazes de nortear sua atuação, já que normas definidas previamente proporcionam riscos mais controlados e evitam atuação em descompasso com os anseios da sociedade e da própria família, reduzindo os típicos conflitos de agência.

Nessa linha, não apenas as regras para ocupação do cargo de direção, mas os requisitos para se manter nele podem e devem ser previstos de antemão, já que isso profissionaliza a empresa, minimiza o impacto de disputas familiares por poder e, especialmente, agrega valor à sociedade.

Destarte, essas normas são bem-vindas e, como decorrência do que já prevê o Protocolo Familiar, podem e devem vir delineadas em um código de conduta e regimento interno, já que isso fornece maior transparência à atividade, permitindo, também a adoção de medidas de *compliance*.

Por falar em políticas de controle e *compliance*, cumpre agora adentrar a um dos aspectos mais sensíveis da sociedade familiar, bem como dotado de potenciais conflitos de interesse, seja em relação aos administradores ou mesmo sócios, a contratação com partes relacionadas e seus limites de atuação.

4.7 Contratação com partes relacionadas

A contratação da sociedade com partes relacionadas é aspecto de suma importância e que deve e precisa ser regrado, tanto no Protocolo Familiar como nos atos societários que acabam, de uma maneira ou de outra, sofrendo sua influência, caso do acordo de sócios.

Os limites dessas contratações devem ser bem delineados com antecedência por três razões fundamentais: (i) impedir a confusão patrimonial, capaz de ensejar desconsideração da personalidade jurídica; (iii) evitar conflito de interesse que, dependendo do nível, pode ensejar consequências, inclusive de cunho indenizatório, para administradores e sócios; e (iii) deixar as regras do jogo claras. Assim, passa-se a discorrer sobre essas três facetas.

Com efeito, se a pessoa jurídica não é respeitada como deveria, servindo de subterfúgio para a prática de atos fraudulentos, desvio de fina-

IMPLICAÇÕES SOCIETÁRIAS DO PROTOCOLO FAMILIAR

lidade e confusão patrimonial, excepciona-se a regra e levanta-se o véu que distancia os membros que compõem a sociedade do centro de imputação de direitos e deveres que se tornou.

Em suma, duas teorias são utilizadas para desconsiderar a personalidade jurídica: a maior, que exige certos requisitos indispensáveis antes de se efetivar a desconsideração, como desvio de finalidade, fraude e confusão patrimonial; e a menor, aplicada nos casos em que a pessoa jurídica não goza de patrimônio suficiente a arcar com suas responsabilidades. Como regra geral, exceto leis e casos específicos, no Brasil adota-se a teoria maior, insculpida no art. 50 do Código Civil, que é categórico ao exigir certas premissas antes de efetivar a desconsideração.

Justamente comentando sobre a necessidade do uso ponderado dessa excepcionalidade, Gerci Giareta expõe:

> Sempre que se constatar desvio praticados pela sociedade, ao juiz é permitido penetrar, levantar o véu, desestimar ou desconsiderar a personalidade jurídica, para buscar meios, buscar bens, visando garantir o cumprimento da obrigação assumida pelo sócio. As limitações da responsabilidade em certos tipos de sociedade, foi criada pela lei, com o objetivo de fortalecer a iniciativa empresarial, para cumprir seu papel comunitário, na realização de seus objetivos. Todavia, esse manto protetor não pode ser objeto de uso indiscriminado e abusivo.[175]

Do esclarecimento supra nota-se, portanto, a importância do uso adequado da personalidade jurídica, ou seja, torna-se imprescindível o respeito pelo que é da sociedade e sua forma de atuação, em contraposição ao complexo de bens e direitos dos sócios, sob pena de se retirar a proteção concedida a estes para explorarem atividade comercial por meio da sociedade.

Como consequência dessa situação, os sócios devem pautar sua atuação nos limites sociais, sem confundir patrimônio pessoal com o da sociedade, sendo imprescindível ter uma linha divisória clara entre o que

---

[175] GIARETA, Gerci. Teoria da Despersonalização da Pessoa Jurídica. In: NERY JR., Nelson e NERY, Rosa Maria de Andrade (coord.). **Doutrinas Essenciais – Responsabilidade Civil – Direito de Empresa e o Exercício da Livre Iniciativa**. Vol. III. São Paulo: Ed. RT, 2010, p. 1001.

é seu e os bens da sociedade, evitando confusão e contratações fora de parâmetros de mercado, por exemplo.

Não obstante, é certo que isso só se dará após um prévio procedimento de desconsideração da personalidade jurídica, com contraditório e ampla defesa, conforme assegura o CPC[176].

Em outra linha, a contratação com partes relacionadas suscita diversas possibilidades de conflitos de interesse, tanto no tangente ao sócio e a sociedade, como no tocante aos administradores, que, como visto, podem ou não fazer parte da família.

Acerca dos diferentes tipos de conflito de interesse existentes destaca Luís Felipe Spinelli:

> E, entrando os interesses de indivíduos diversos em relação de solidariedade e confronto, torna-se necessária a intervenção jurídica para ordená-los e para evitar a desagregação social, que é particularmente importante no caso de *conflito intersubjetivo de interesses*, isto é, na situação em que a necessidade de um indivíduo com relação a um bem não puder se resolver sem o sacrifício da necessidade do outro. E é justamente o conflito intersubjetivo de interesses que é importante para nós, pois é quando, no direito societário, os interesses dentro do mesmo ente coletivo se contrapõem – o que pode ocorrer em duas hipóteses: conflito de interesses na relação entre sócio e sociedade e conflito de interesses na administração da companhia.[177]

Como visto, o conflito de interesse pode se manifestar entre sócios e a sociedade, bem como entre administradores e esta última. Para fins do art. 115 da LSA, que dispõe sobre conflito de interesses no tangente à sociedade anônima, existem, basicamente, três situações distintas a respeito do tema, isto é, impedimento de voto, benefício particular e o conflito de interesse propriamente dito, que se desdobra em conflito formal e material.

No primeiro caso, a própria lei já identifica as matérias em que não é dado ao sócio exercer direito de voto, caso de aprovação de laudo de avaliação quando integraliza bens na sociedade e aprovação das próprias

---

[176] Importante observar algumas especificidades da Justiça do Trabalho quanto à aplicação deste instituto.

[177] SPINELLI, Luiz Felipe. **Conflito de Interesses na Administração da Sociedade Anônima**. São Paulo: Malheiros, 2012, p.134 -135.

contas em sociedades anônimas. Quanto ao benefício particular, refere--se a algo que diga respeito diretamente ao sócio, uma benesse a ele diretamente concedida, como um bônus, por exemplo.

Por seu turno, o conflito de interesses, hipótese em que se enquadra a contratação com partes relacionadas, fica na linha tênue entre conflito formal e substancial, sendo que o primeiro está presumidamente presente e o segundo depende de análise de cada caso concreto, conforme esclarece Nelson Eizirik:

> Caracteriza-se o conflito quando o acionista é portador, diante de determinada deliberação, de 2 (dois) interesses inconciliáveis: um enquanto indivíduo, singularmente considerado; outro enquanto membro de determinada comunidade acionária. Assim, o seu interesse particular é inconciliável com o interesse social, não podendo um deles ser atendido sem o sacrifício do outro.
>
> O conflito formal de interesses existe em todo negócio jurídico bilateral em que o acionista e a companhia são partes contratantes. Com efeito, é da essência do negócio bilateral a existência de interesses diversos entre as partes, de forma que sempre haverá conflito formal, ainda que o negócio jurídico acarrete benefícios equitativos para a companhia e seu acionista.
>
> Já o conflito substancial ficará caracterizado quando o voto for utilizado com desvio de finalidade, para promover interesses do acionista incompatíveis com o interesse social.[178]

Nota-se, assim, que o conflito de interesses pode ser presumido (formal) ou verificado em cada caso concreto (substancial) quando se trata de contratação entre a sociedade e seus acionistas ou sociedades em que existe sócio comum.

Por seu turno, a sociedade limitada conta com restrição de direito de voto no §2º do art. 1.074, CC, que dispõe o seguinte: "Nenhum sócio, por si ou na condição de mandatário, pode votar matéria que lhe diga respeito diretamente".

Como se pode ver, o Código Civil possui disposição legal mais restritiva, referindo-se, expressamente, a impedimento de voto, porém, o

---

[178] EIZIRIK, Nelson. **A Lei das S/A Comentada**. 2ª ed. Vol. 2. São Paulo: Quatier Latin, 2015, p. 219-220.

faz em situações que houver relação direta do sócio com a matéria em debate, o que significa dizer que, em termos de contratação entre partes relacionadas, deve existir um vínculo expresso nessa contratação.

Acerca do interesse que veda exercício de voto em sociedade limitada, Alfredo de Assis Gonçalves Neto comenta o seguinte:

> O interesse de que trata a norma, deve ser de conteúdo patrimonial e, ainda, individualizado em relação à pessoa do sócio. Desse modo, não há proibição de o sócio votar em si próprio para exercer o cargo de administrador, da mesma forma como não há vedação a que vote na distribuição de dividendos maiores do que os propostos pelos administradores, por tal matéria dizer respeito diretamente tanto a ele como aos demais sócios.[179]

Observa-se, portanto, que a verificação de conflito por força de contratação com partes relacionadas, no âmbito das limitadas, é mais restrito, já que exige a influência direta na esfera de interesse do sócio, devendo existir um claro benefício, sendo o nexo de causalidade mais evidente.

Em todo modo, caso a sociedade limitada tenha regência subsidiária da LSA, é possível estender-se a ela as disposições do art. 115, o que traz as mesmas ressalvas acima delineadas.

De outra banda, ainda existe a figura de conflito de interesses no tocante à atuação do administrador, eis que, nos termos do art. 156 da LSA: "É vedado ao administrador intervir em qualquer operação social em que tiver interesse conflitante com o da companhia, bem como na deliberação que a respeito tomarem os demais administradores".

Porém, o §1º do art. 156, LSA, ressalva que o administrador "somente pode contratar com a companhia em condições razoáveis ou eqüitativas, idênticas às que prevalecem no mercado ou em que a companhia contrataria com terceiros".

Nessa conjuntura, registra Nelson Eizirik:

> (...) o negócio entre o administrador e a companhia em situação de conflito de interesse substancial somente é possível uma vez satisfeitos os 2 (dois)

---

[179] GONÇALVES, Alfredo de Assis Neto. **Direito de Empresa: comentários aos artigos 966 a 1.195 do Código Civil.** São Paulo: Revista dos Tribunais, 2016, p. 438.

requisitos legais: (i) se houver aprovação pelos demais administradores; e (ii) se a operação for equitativa em condições mercado.[180]

Observa-se, assim, que o conflito de interesses entre administrador e sociedade é substancial, de modo que, se verificada a existência de aprovação da operação societária por outros membros da administração e os valores estiverem compatíveis com o mercado, o conflito deixa de existir e a contratação é admitida.

Contudo, a análise de casos concretos é sempre desgastante, ainda mais em sociedades familiares, já que pode redundar em conflitos no seio da própria família.

Por conseguinte, esse tipo de conflito contribui e muito para gerar perda de valor na sociedade. Logo, é extremamente salutar que o Pacto de Família, seguido pelo próprio acordo de sócios, defina de antemão as condições em que se admitem contratação com partes relacionadas.

Isto é, quais os limites e valores envolvidos na operação, requisitos mínimos a serem satisfeitos para que a operação se conclua, necessidade de a matéria ser deliberada em Conselho de Administração, ou, caso este não exista, em Assembleia, possibilidade ou não de exercício de voto, tanto do sócio como administrador.

Enfim, de um modo geral a contratação deve estar inteiramente regrada, devendo existir cláusulas e previsões específicas sobre a questão, do contrário disputas contenciosas podem ser iniciadas a fim de apurar eventuais prejuízos sobre a atuação do sócio ou administrador.

De toda forma, é certo que para companhias abertas estas previsões não inibem fiscalização da CVM sobre a atuação conflituosa, sendo que sua posição sobre a matéria oscila entre a aplicação da tese do conflito formal e material, o que se dá de forma casuística.

4.8 Transferência de participação social a terceiros

A questão de transferência de participação social a terceiros em sociedades familiares encontra relevo significativo, dado que a ausência de regulamentação específica pode ensejar, a depender da operação de compra e venda, a perda do controle pela família.

---

[180] EIZIRIK, Nelson. **A Lei das S/A Comentada**. 2ª ed. Vol. III. São Paulo: Quatier Latin, 2015, p. 154.

LEGALIDADE, EFICÁCIA E IMPLICAÇÕES SOCIETÁRIAS DO PROTOCOLO FAMILIAR

Caso a sociedade adote o formato de sociedade anônima, *a priori*, os acionistas são livres para transferência de ações, dado o caráter *intuitu pecuniae* da sociedade e o fato de a ação ser dotada da característica de circularidade.

Por outro lado, nas sociedades limitadas o Código Civil expõe que se houver negativa de sócios, isolada ou conjuntamente, com mais de 25% (vinte e cinco por cento) do capital social, pode haver oposição à alienação a terceiros, a ver:

> Art. 1.057. Na omissão do contrato, o sócio pode ceder sua quota, total ou parcialmente, a quem seja sócio, independentemente de audiência dos outros, ou a estranho, se não houver oposição de titulares de mais de um quarto do capital social.

Entretanto, essa previsão não é estanque e deve estar permeada pela atuação de boa-fé dos opositores, haja vista a constituição da sociedade limitada ter cunho contratualista, sendo a boa-fé princípio ínsito a toda e qualquer relação contratual. Assim, não se admite pura e simples negativa, devendo a mesma ser embasada, sob pena de exercício abusivo do direito[181].

De toda forma, é imperioso que se preveja, ou no ato constitutivo ou em acordo de sócios, que, no caso de um sócio receber oferta de terceiro e ter interesse de alienar suas ações/quotas, tem de comunicar aos demais a respeito do preço ofertado, quantidade de ações/quotas a serem adquiridas e condições de aquisição para que estes se manifestem acerca do interesse de aquisição nestas mesmas condições. Essa é a figura clássica do direito de preferência.

Lado outro, o direito de primeira oferta se dá quando o sócio pretende alienar sua participação e deve, antes de ofertar ao mercado, fazê-lo aos sócios para que informem se pretendem adquiri-las. Nesse caso, a diferença com o direito de preferência reside no fato de que em tal hipótese, necessariamente, precisa haver um terceiro interessado na aquisição, ao passo que na primeira oferta basta o intuito de alienação.

---

[181] Código Civil: "Art. 187. Também comete ato ilícito o titular de um direito que, ao exercê-lo, excede manifestamente os limites impostos pelo seu fim econômico ou social, pela boa-fé ou pelos bons costumes."

IMPLICAÇÕES SOCIETÁRIAS DO PROTOCOLO FAMILIAR

Entretanto, é certo que estas medidas se dão em sociedades limitadas ou anônimas de capital fechado, já que as companhias abertas obedecem à lógica de mercado e regulamentos específicos.

Como exemplo de cláusula de direito de preferência a ser inserida no âmbito de acordo de sócios cita-se o seguinte:

1. A transferência das participações societárias somente poderá ocorrer com plena e integral observância dos termos deste Acordo de Sócios e desde que o adquirente, comprador e/ou cessionário, conforme o caso, torne-se parte deste Acordo, por meio de termo de adesão, sem restrições, sendo certo que a alienação que viole o disposto neste documento será ineficaz perante a sociedade e as sócias remanescentes, devendo a sociedade e seus administradores, quando aplicável, abster-se de registrar tais operações.

2. Havendo interesse de qualquer das sócias em transferir, a qualquer título, a terceiros ofertantes, no todo ou em parte, sua participação na sociedade, deverá a sócia interessada ("sócia-ofertante"), ofertar primeiramente sua participação às outras sócias ("sócias-ofertada"), que exercerão a preferência em sua aquisição, na proporção da participação de cada uma no capital social da Sociedade, excluída a participação da sócia-ofertante.

3. A oferta acima referida deverá ser feita pelo alienante por meio de notificação escrita, aos sócios remanescentes, manifestando sua intenção de efetuar a transferência de participações societárias (incluindo alienação indireta) a um terceiro, informando: (i) os termos, condições e encargos da alienação de participações societárias em formato de proposta firme, incluindo o tratamento a ser dado para as eventuais contingências da sociedade e às correspondentes indenizações; (ii) a quantidade de participações societárias a serem alienadas, direta ou indiretamente, e o respectivo preço de exercício do direito de preferência, que será aquele atribuído pelo terceiro adquirente às participações societárias a serem alienadas, direta ou indiretamente; (iii) nome e identificação completa do terceiro adquirente, incluindo: (a) grupo econômico ao qual pertença, e (b) identificação dos controladores diretos e indiretos, até o nível de pessoa natural, caso seja aplicável ("notificação de alienação"); e (iv) conceder às sócias remanescentes preferência para aquisição das participações societárias a serem alienadas, direta ou indiretamente.

4. A sócia-ofertada que receber a oferta de venda terá o prazo de 30 (trinta) dias, contados da data do recebimento da oferta, para decidir se pretende

LEGALIDADE, EFICÁCIA E IMPLICAÇÕES SOCIETÁRIAS DO PROTOCOLO FAMILIAR

ou não exercer o seu direito de preferência na aquisição das participações sociais.

5. Não exercido o direito de preferência, na forma acima, fica a sócia-ofertante liberada para vender suas participações ao terceiro interessado, nas mesmas condições firmadas na oferta apresentada e dentro do prazo de 30 (trinta) dias, contados a partir do termo final do prazo mencionado na Cláusula 4 acima, informando a conclusão da operação de alienação. Após o decurso de tal prazo, sem a efetivação da transferência, a sócia-ofertante, caso tenha a intenção de renovar a venda de sua participação social, deverá se submeter novamente ao procedimento previsto nesta Cláusula.

Nesse sentido, a restrição à livre circulação de quotas, chamado ajuste de bloqueio, tem grande importância nas sociedades familiares, isso para garantir que a família continuará no controle, pois, a ausência de previsão, especialmente em sociedades anônimas, pode provocar a entrada indesejada de terceiros no quadro social.

Não obstante, cumpre destacar que a maioria da doutrina e jurisprudência verificadas (inclusive no âmbito do STJ), entende que o direito de preferência se aplica apenas em operações onerosas, não se estendendo à doação ou mesmo sucessão. Sobre o tema vida opinião de Gustavo Tepedino:

A se admitir a estipulação de direito de preferência sobre alienações gratuitas, sua incidência não pode fugir ao caráter restritivo que se lhe atribui em decorrência da livre circulação de ações e, sobretudo, ao exame de legitimidade em face da tutela constitucional da propriedade privada, aí incluída sua livre disposição, também a título gratuito. Assim, não se poderá admitir o exercício da preferência sempre que, nas circunstancias concretas, acabe por obstar a alienação gratuita das ações, de modo a realizar a liberalidade pretendida pelo acionista.[182]

Nessa mesma linha de pensar destaca Muriel Waksman:

Conforme visto no decorrer desta artigo, a doutrina e a jurisprudência estabelecem algumas diretrizes para que possamos chegar a uma conclusão se

---

[182] TEPEDINO, Gustavo. Direito de preferência previsto em estatuto societário e o direito das sucessões. **Soluções Práticas**, v. 2, p. 365-386, nov. 2011.

há direito de preferência em contratos de doação. Em vista dos institutos previstos pelo direito civil, podemos chegar à conclusão de que a preferência é apenas exercida em casos de compra e venda e dação não podendo incidir em contratos de doação ou de permuta.[183]

Ademais, é possível que os sócios ajustem as hipóteses em que a venda ou compra torna-se compulsória, bem como os valores devidos e as condições de pagamento, já outorgando poderes de representação para que todos os atos necessários à efetivação da medida sejam realizados, sob pena de a previsão se tornar ineficaz. Isso tudo no intuito de evitar discussões futuras e indesejadas acerca da alienação de participações societárias.

Mais uma vez, vale a máxima de que a prévia delimitação de condições minimiza o impacto de conflitos entre familiares sobre a sociedade. Por sinal, o Protocolo Familiar já pode conceder diretrizes à família do que irá ocorrer em tais casos de alienação.

Destarte, é mais uma influência do Protocolo Familiar sobre a sociedade e que, invariavelmente, enseja ajustes nesta para que se adaptem às previsões realizadas.

4.9 Política de distribuição de dividendos

Com efeito, a política de distribuição de dividendos é um tema bastante sensível e com grande potencial de desencadear conflitos se não for devidamente pré-definido pelos sócios. Isso porque ela compõe o que, Waldírio Bulgarelli[184] denomina interesse social final, isto é, distribuição de lucros aos sócios.

Logo, os impactos decorrentes dessa política norteiam a relação societária como um todo, tendo diversas repercussões, tanto econômicas, como sociais, conforme delimita Marcelo Giovanni Perlman:

> Do ponto de vista econômico-financeiro, a política de dividendos é uma questão de planejamento de investimentos pela sociedade, ou seja, de escolha entre investimentos na continuidade e expansão da empresa ou na

[183] WAKSMAN, Muriel. O direito de preferência na doação de quotas. **Revista do Instituto dos Advogados de São Paulo**, v. 16, n. 31, p. 241-255, jan./jun. 2013.

[184] BULGARELLI, Waldírio. Validade de disposições de acordo de acionistas de votarem em bloco, assegurando a política gerencial única e necessária, **RDM**, n. 123, p. 185-187, 2001.

remuneração aos acionistas (que possa, eventualmente, atrair outros acionistas ou novos aportes de capital). Sob a perspectiva sociológica, por sua vez, a política de dividendos é uma resposta da empresa aos reclamos dos diferentes agentes envolvidos com sua realidade. Em outras palavras, seria a composição encontrada pela sociedade entre os interesses contrapostos, entre outros, (a) dos acionistas, responsáveis pelos aportes de capital; (b) dos administradores, agentes da condução da empresa e coordenadores dos fatores técnicos, econômicos e administrativos que geram os lucros; (c) da empresa, que reclama injeções de recursos para manter sua atuação; (d) do fisco, para atender seus objetivos arrecadatórios; e (e) dos trabalhadores, aos quais interessa assegurar seu emprego e participar dos lucros que tenham ajudado a criar (Miguel A. Sasot Betes; Miguel P. Sasot, 1977, pp. 233-4).[185]

Nesse contexto, uma política de distribuição de dividendos e pró--labore previamente fixada mostra-se determinante para evitar disputas indevidas por dinheiro, conquanto aqueles que laboram na sociedade em função de gestão, invariavelmente, podem e devem ser remunerados por isso.

Ademais, importante destacar a periodicidade em que se terá distribuição de dividendos, isto é, se anual ou em período inferior, bem como requisitos essenciais para que isto ocorra.

É necessário entender, portanto, se a sociedade está em fase de expansão ou voltada a desenvolvimento de novos negócios, o que torna indispensável pesados investimentos, ou em gozo de sua maturidade e posicionamento no mercado; já que cada uma destas situações pode levar à necessidade de reinvestimento, com retenção dos lucros em reservas, no caso estatutárias, por exemplo, ou utilização dos mesmos para aumento de capital ou efetiva distribuição dos mesmos.

Da mesma forma, é extremamente pertinente se formular tal previsão no Protocolo Familiar e reforçá-la de forma mais específica e contundente nos atos constitutivos/acordo de sócios, até para que tenha a eficácia almejada e albergue todos os sócios, sendo imperioso observar os quóruns mínimos para ajustes nos atos constitutivos.

---

[185] PERLMAN, Marcelo Giovanni. Repensando os Dividendos Obrigatórios. **Revista de Direito Bancário e do Mercado de Capitais**, v. 29, p. 118-132, jul.-set. 2005.

Nesse contexto, devem ser consideradas as particularidades do nicho de atuação da sociedade familiar e suas necessidades, vale dizer, se agropecuária ou tecnológica, por exemplo, uma vez que isso impacta sobremaneira nos ajustes da temática. Exemplificativamente: uma empresa de *agrobusiness* certamente não irá realizar distribuição mensal de dividendos, conquanto depende de uma safra, já uma desenvolvedora de *software* que aliena seus produtos pode ter disponibilidade para tal prática. São essas particularidades, portanto, que devem ser consideradas na elaboração do Protocolo Familiar.

Outrossim, deve-se prever o dividendo obrigatório, isto é, aquele que necessariamente deverá ser distribuído aos sócios, bem como eventuais reservas, além da legal, que a sociedade irá se valer para fazer retenção de determinado valor ao invés de fazer livre distribuição.

No ponto, importante estabelecer o conceito legal de dividendo, melhor detalhado na LSA, que esclarece diversas especificidades. Assim, segundo Luiz Carlos Piva:

> Dividendos são parcelas de lucro líquido de exercício que a companhia distribui a seus acionistas, de conformidade com deliberação de Assembleia Geral; e lucro líquido de exercício é o resultado que remanesce depois de deduzidas as participações estatutárias dos empregados, administradores e partes beneficiárias (art. 191), ou seja, o resultado líquido do ponto de vista dos acionistas, depois de deduzidos todos os custos e participações de terceiros.[186]

Além da conceituação supra, a Lei das Sociedades por Ações fixa o que seria dividendo obrigatório, visando garantir ao acionista um mínimo que irá receber, sendo que, na omissão, entende-se como o mínimo o equivalente a 50% (cinquenta por cento) do lucro líquido, porém, nas sociedades limitadas há omissão legislativa sobre o mínimo a ser distribuído de lucros.

Portanto, apenas a LSA contém menção específica de qual seria o dividendo mínimo obrigatório em caso de omissão do estatuto social, sendo o Código Civil silente sobre a questão. Contudo, considerando que

---

[186] PIVA, Luiz Carlos. **Lucros, reservas e dividendos**. In: LAMY, Alfredo Filho e PEDREIRA, José Luiz Bulhões (coord). **Direito das companhias**. São Paulo: Forense, 2009, p. 1713.

na omissão o exegeta deve se valer da analogia, é certo que tal raciocínio também se estende às limitadas, conforme defendem Eduardo Benetti e Fábio da Rocha Gentile:

> Pautados pelos fundamentos ao longo deste incipiente estudo, concluí-mos que, havendo omissão no contrato social, no acordo de quotistas e nas deliberações sociais, deve ser garantida a participação em pelo menos 50% (cinquenta por cento) do lucro líquido, após a absorção de eventuais pre-juízos e constituição de reservas específicas, tal como regra a Lei das Socie-dades Anônimas.[187]

Em outra linha, o dividendo mínimo é uma proteção fornecida, especialmente aos minoritários, conforme destaca Marcelo Giovanni Perlman:

> A exigência de dividendos obrigatórios tem como objetivo limitar a discri-cionariedade da maioria na determinação da destinação dos lucros sociais e, consequentemente, proteger as minorias sociais no tocante ao seu di-reito de participar dos lucros (em contraposição à injusta apropriação das riquezas sociais pelos acionistas controladores e administradores por eles eleitos).[188]

Portanto, a primeira questão que se deve ter em mente é: quanto do lucro líquido do exercício realmente será distribuído aos sócios, não po-dendo ser absorvido em reserva estatutária ou em retenção de lucros, exceto se órgãos sociais informarem ser a distribuição incompatível com a situação financeira da sociedade. Isso, sem prejuízo de considerar que sócios preferencialistas detém algumas prioridades, a depender da van-tagem que lhe foi outorgada em relação aos ordinaristas.

Igualmente importante é a questão das reservas a que se pode desti-nar os lucros. De forma geral, esclarece Nelson Eizirik: "As reservas são formadas por recursos destinados a uma finalidade específica. Consti-

---

[187] BENETTI, Eduardo e GENTILE, Fábio da Rocha. A distribuição e a reserva legal de lucros nas sociedades empresárias limitadas. In: AZEVEDO, Luiz André N. de Moura e CASTRO, Rodrigo R. Monteiro (coord.). **Sociedade Limitada Contemporânea**. São Paulo: Quartier Latin, 2013, p. 496.

[188] PERLMAN, Marcelo Giovanni. Repensando os Dividendos Obrigatórios. **Revista de Direito Bancário e do Mercado de Capitais**, v. 29, p. 118-132, jul.-set. 2005.

tuem a parte do lucro líquido que, por disposição legal, estatutária ou deliberação assemblear, é retida na companhia"[189].

Basicamente, existem dois tipos de reserva: de capital, que não compõe a conta de resultados da companhia, pois decorrente de aportes de sócios ou alienação de partes beneficiárias e bônus de subscrição, só sendo redirecionadas aos sócios em hipóteses específicas e previamente autorizadas pela LSA; e de lucros, decorrente do lucro líquido do exercício, sendo que se dividem em: legal, estatutária, para contingências, incentivos fiscais, retenção de lucros, de lucros a realizar e especial.

Inclusive, a própria Lei das Sociedades Anônimas estabelece a forma de se apurar dividendo, conforme esclarece Nelson Eizirik:

> A Lei das S.A. estabeleceu todo o regramento relativo à distribuição do lucro, determinando que, apurado o lucro líquido do exercício, sobre ele calculadas as reservas e os dividendos, na seguinte ordem: (1º) 5% (cinco por cento) na constituição da reserva legal, que não pode exceder de 20% (vinte por cento) do capital social (*caput*); (2º) dividendos fixos ou mínimos a que tenham prioridade os acionistas titulares de ações preferenciais, inclusive os atrasados, se cumulativos (artigo 203); (3º) reserva para contingências (artigo 195), se for o caso; (4º) reserva de incentivos fiscais, se for o caso, podendo a assembleia geral, por proposta dos órgãos de administração, destinar para a reserva de incentivos fiscais a parcela do lucro líquido decorrente de doações ou subvenções governamentais para investimentos, que poderá ser excluída da base de cálculo do dividendo obrigatório (art. 195-A); (5º) dividendo obrigatório, pois a destinação dos lucros para a constituição de reservas estatutárias (artigo 194) e retenção de lucros (artigo 196) não pode ser aprovada, em cada exercício, em prejuízo do dividendo obrigatório (artigo 198 c/c artigo 202); (6º) reservas estatutárias (artigo 194), se for o caso; (7º) retenção de lucros, nos termos do orçamento de capital previamente aprovado pela assembleia geral (artigo 196), se for o caso. Remanescendo saldo de lucro líquido do exercício após as destinações acima, deve o mesmo ser distribuído como dividendos.[190]

---

[189] Eizirik, Nelson. **A Lei das S/A Comentada**. 2ª ed. Vol. III. São Paulo: Quartier Latin, 2015, p. 481.

[190] Eizirik, Nelson. **A Lei das S/A Comentada**. 2ª ed. Vol. III. São Paulo: Quartier Latin, 2015, p. 484.

Nota-se, portanto, uma gama considerável de possibilidades e ajustes pertinentes à política de dividendos, competindo, em cada caso concreto, se ponderar sobre as reservas que se tenciona criar.

Destarte, a política de dividendos deve considerar, além do cenário econômico, o nicho de mercado que a sociedade atua, de modo a definir a melhor política, tanto de reservas, como de distribuição, já que, no silêncio, distribui-se, pelo menos 50% (cinquenta por cento) dos lucros líquidos, sendo que isso pode impactar em determinada projeção de investimento da sociedade, por exemplo.

Vê-se, portanto, que o silêncio é prejudicial, razão pela qual a definição prévia se constitui uma medida salutar, inclusive para evitar litígios e desgastes familiares, visando sempre a continuidade da atividade social.

Assim, a política deve ser muito bem planejada e orquestrada, de forma que esteja alinhada com as diretrizes econômicas da sociedade, sob pena de os próprios sócios virem-se prejudicados pelo não atendimento do interesse social final da sociedade, que é a própria distribuição de lucros.

Inclusive, nem sempre todos os sócios estão em sintonia com relação ao destino dos lucros, seja porque necessitam de dinheiro ou porque não participam da gestão social e não sabem a situação pela qual passa, o que pode gerar atrito com os quotistas/acionistas que entendem pela necessidade de manutenção de maior volume de recursos na sociedade para políticas de reinvestimento, por exemplo, e aqueles que exigem pagamento de lucros.

Nesse cenário, se a situação não for bem identificada e estruturada em instrumentos societários, certamente pode acarretar pontos de discussão, gerando conflitos entre familiares, cabendo ao acordo de sócios, seguindo as diretrizes do Pacto Familiar, regular esta questão.

Outra questão de relevo refere-se à definição de pró-labore dos administradores, conforme esclarece Roberta Nioac Prado:

> O segundo é o conflito que costuma emergir quando há falta de um delineamento claro entre como a empresa remunera o capital investido, ou seja, o que distribui a seus sócios a título de dividendos, e como remunera o trabalho de seus administradores e gestores, sejam eles familiares ou não. (...)

IMPLICAÇÕES SOCIETÁRIAS DO PROTOCOLO FAMILIAR

Tal situação costuma resultar em desentendimentos e litígios familiares por vezes capazes de arruinar, na prática, a empresa e a própria família.[191]

Neste jaez, não apenas os lucros em si devem ser definidos, mas as próprias diretrizes do pró-labore a ser distribuído, devendo ficar claro desde o princípio como, quanto e de que forma cada membro da família irá receber dada quantia. Vale dizer, os que desempenham função gerencial devem experimentar remuneração decorrente desse fato, não se limitando aos dividendos em si.

Tal aspecto, de forma macro, também integra a política de distribuição de dividendos da sociedade, conquanto representa saída de valores e, portanto, desembolso de caixa.

Logo, considerando a sensibilidade do tema, é mais um viés do Protocolo Familiar que influência na rotina da sociedade e, portanto, traz implicações para a mesma, merecendo, portanto, a atenção do direito societário, bem como do contratual, capaz de garantir a efetividade tencionada.

Diante de todo o exposto, é certo que outras questões do Pacto de Família são relevantes em sociedades familiares do ponto de vista societário, mas as acima declinadas são as que consideramos de maior importância e sensibilidade, especialmente para garantir que cumpra o fim a que se pretende, razão pela qual o Protocolo Familiar deve considerá-las.

---

[191] PRADO, Roberta Nioac. **Empresas familiares: família, propriedade e gestão – conflitos de interesses, direito e governança. Governança corporativa em empresas familiares.** São Paulo: IBGC, p. 55 – 56.

Conclusão

Como se destacou ao longo do trabalho, regulamentação e ajustes são necessários em todo tipo de sociedade, porém, em atividades empresárias desenvolvidas por famílias, isto é, em que um núcleo familiar se encontra no poder, tal é indispensável para o sucesso e perpetuidade da pessoa jurídica, sendo aí que se encaixa o Protocolo Familiar, pois é uma forma de gerenciar e organizar interesses conflitantes a fim de proporcionar longevidade.

Desse modo, a despeito do Pacto abordar questões amplas sobre a família em si, é certo que detém temas que acabam influenciando a sociedade enquanto parte do patrimônio familiar.

Entretanto, o Protocolo Familiar de *per se* não é capaz de proporcionar todo o arranjo e organização que a sociedade familiar demanda se ao tempo de sua elaboração não forem considerados aspectos de legalidade, eficácia e ajustes societários correlatos. Isso porque cada sociedade possui uma realidade social, sendo imperioso compreendê-la, bem como avaliar os procedimentos necessários à implementação das medidas estabelecidas no Pacto.

Dessa forma, compete à família encontrar a melhor solução, do ponto de vista legal e de governança, razão pela qual medidas atinentes à composição dos quadros de gestão, políticas de pró-labore e dividendos, exercício de direito de voto, dissolução parcial, contratação com partes relacionadas e formas de resolução de disputas, exemplificativa e necessariamente, constam no Protocolo e precisam estar ajustadas nos documentos sociais para que tenham aplicação prática.

Inclusive, o direito societário possibilita regrar tais temas, bem como a transferência de ações/quotas a terceiros, visando-se, assim, manter a família no controle empresarial ou mesmo dimensionar o poder de um sócio minoritário que não faz parte da família, por exemplo. O mesmo vale para regras de preenchimento de cargos e política de dividendos, em que se regularão temas sensíveis da relação familiar, mas com nítida influência sobre os negócios.

De outro lado, embora o Protocolo Familiar também se mostre como ferramenta para se encontrar um equilíbrio entre a atividade econômica organizada e a transição entre gerações, demanda alguns cuidados, a depender do tipo social, inclusive se é exercida atividade regulada ou não, se a sociedade conta com sócios estranhos ao seio familiar, devendo-se ainda sopesar o tipo de atividade empresarial desempenhada, conquanto cada uma dessas situações requer diferentes procedimentos e possui distintas limitações normativas.

Nessa linha de pensar, ao responsável por organizar as regras do Protocolo cabe estar ciente da forma de organização que a família utiliza para explorar a atividade empresarial, propondo melhorias ou ajustes, sendo o desejo familiar direcionado pelas restrições normativas.

Ademais, em atividades empresariais desenvolvidas por familiares, é possível concluir que algumas previsões e institutos da própria lei societária podem e certamente irão facilitar a convivência, minimizando conflitos que muitas vezes levam a sociedade à extinção; é o caso dos conselhos de família e de administração, que ganham importância ímpar nesse processo de estruturação, sendo um destinado a assuntos particulares e o segundo aos da sociedade, criando um veículo de diálogo.

Igualmente, a assembleia é um importante meio de contenção e resolução de conflitos a fim de evitar que problemas familiares tenham de ser revolvidos por terceiros, que sequer têm conhecimento da empresa e muito menos dos aspectos pessoais envolvidos. Porém, também é pertinente prever outras formas de resolução de disputas que envolvam auto ou heterocomposição, sendo a combinação entre elas capaz de garantir a força coercitiva do Pacto.

Por sinal, não basta apenas estabelecer meios e estruturas de organização social, sendo necessário que se prevejam formas de aplicação prática e mesmo execução forçada de certas obrigações definidas no Pacto, sob pena de se tornar letra morta.

CONCLUSÃO

Nesse sentido, considerando a exposição que se fez ao longo do trabalho, algumas observações são essenciais, isto é: (i) as sociedades devem se preparar e adotar posturas aptas a harmonizar os desejos da família com a condução do negócio social, o que pode e deve ser feito através do Pacto Familiar; (ii) o Protocolo Familiar deve estar atento ao contexto normativo brasileiro, pois, independentemente de (in)existir previsão específica sobre o tema, suas repercussões devem ser calculadas e sopesadas, sob pena de perder completamente sua razão de existir caso encontre entrave de legalidade ou eficácia; (iii) a influência do Pacto sobre a atividade empresarial é significativa, o que exige conformidade no relacionamento entre família, propriedade e gestão, atentando-se, portanto, aos efeitos societários daí decorrentes; e (iv) as coordenadas do Pacto devem estar alinhadas com a estrutura social em que se exerce produção ou circulação de bens ou serviços.

Pelo exposto, conclui-se que ao tempo da elaboração do Pacto se faz necessária a compreensão: do relacionamento entre família, propriedade e gestão; da escala de desenvolvimento em que está inserida a sociedade; do tipo societário eleito; e, principalmente, das regras gerais capazes de proporcionar o cumprimento das disposições definidas, sem prejuízo de se adotarem medidas coercitivas para tanto.

Portanto, a partir da presente obra é possível perceber que o Pacto Familiar se constitui numa importante ferramenta para o desenvolvimento das empresas familiares brasileiras, pois atividades organizadas tendem a ter maior longevidade e estar melhor preparadas para momentos de adversidade, sendo que regras prévias diminuem risco de atritos e proporcionam perenizarão da atividade empresarial, inclusive ao longo das gerações.

REFERÊNCIAS

LIVROS

ABRÃO, Nelson. **Sociedade limitadas**. São Paulo: Saraiva, 2005.

ARDUIN, Ana Lucia A. S. C. **A teoria jurídica da empresa no Direito brasileiro**. São Paulo: Quartier Latin, 2013.

BOTREL, Sérgio. **Direito societário constitucional**. São Paulo: Atlas, 2009.

CARVALHOSA, Modesto. **Comentários à Lei das Sociedade Anônimas**. 2º vol. São Paulo: Saraiva, 2013.

DA SILVEIRA, Alexandre Di Miceli. **Governança corporativa no Brasil e no mundo**. 2ª ed.: São Paulo: Campus, 2015.

DIAS, Maria Berenice. **Manual das sucessões**. 2. ed. São Paulo: Ed. RT, 2011.

EASTERBROOK, Frank H. e FISCHEL, Daniel R. **The Economic Structure of Corporate Law**. Harvard University Press: 1991, EUA.

EIZIRIK, Nelson. **A Lei das S/A Comentada**. 2ª ed. São Paulo: Quartier Latin.

FAZZIO, Waldo Junior. **Sociedades Limitadas**. São Paulo: Atlas, 2007.

FLORIANI, Oldoni Pedro. **Empresa familiar ou inferno familiar?** Curitiba: Juruá, 2003.

FRANÇA, Erasmo Valladão Azevedo Novaes. **Temas de direito societário, falimentar e teoria da empresa**. São Paulo: Malheiros, 2009.

GERSICK, Kelin *et al.* **De geração para geração: ciclos da vida das empresas familiares**. São Paulo: Negócios, 1997.

GONÇALVES, Alfredo de Assis Neto. **Direito de Empresa: comentários aos artigos 966 a 1.195 do Código Civil**. São Paulo: Revista dos Tribunais, 2016.

KOURY, Suzy Elizabeth Cavalcante. **A Desconsideração da Personalidade Jurídica (disregard doctrine) e os Grupos de Empresas.** 2a. Edição; Rio de Janeiro: Forense: 1998.

LEÃES, Luiz Gastão Paes de Barros. **Estudos e pareceres sobre sociedades anônimas.** São Paulo: Ed. RT, 1989.

MACKAAY, Ejan; ROUSSEAU, Séphane. **Análise Econômica do Direito.** 2a ed. São Paulo: Atlas, 2015.

MAMEDE, Gladston e MAMEDE, Eduarda Cotta. **Planejamento Sucessório.** São Paulo: Atlas, 2015.

MARTINS, Fran. **Comentários à Lei das Sociedades Anônimas.** Rio de Janeiro: Forense, 2010.

MOSQUERA, Roberto Quiroga. **O direito tributário e o mercado financeiro de capitais.** São Paulo: Dialética, 1999.

PORTER, Michael E. *Vantagem competitiva: criando e sustentando um desempenho superior.* Rio de Janeiro: Campus, 1989.

PRADO, Roberta Nioac. **Empresas familiares: família, propriedade e gestão – conflitos de interesses, direito e governança. Governança corporativa em empresas familiares.** São Paulo: IBGC, 2015.

RETTO, Marcel Gomes Bragança. Sociedade Limitadas. Barueri: Manole, 2007.

RIZZARDO, Arnaldo. **Contratos.** Rio de Janeiro: Forense, 2015.

SALOMÃO, Calixto Filho. **O novo direito societário.** São Paulo: Malheiros, 2011.

SILVA, PEREIRA Fabio e ROSSI, Alexandre Alves. **Holding Familiar.** São Paulo: Trevisan, 2015.

SPINELLI, Luiz Felipe. **Conflito de Interesses na Administração da Sociedade Anônima.** São Paulo: Malheiros, 2012.

SZTAJN, Rachel. **Teoria Jurídica da Empresa.** São Paulo: Atlas, 2004.

TONDO, Cláudia (Org.). **Protocolos familiares e acordo de acionistas: ferramentas para a continuidade da empresa.** Porto Alegre: Sulina, 2009.

WERNER, René A. **A família & negócio: um caminho para o sucesso.** São Paulo: Manole, 2004.

CAPÍTULO DE LIVROS

BENETTI, Eduardo e GENTILE, Fábio da Rocha. A distribuição e a reserva legal de lucros nas sociedades empresárias limitadas. In: AZEVEDO, Luiz André N. de Moura e CASTRO, Rodrigo R. Monteiro (coord.). **Sociedade Limitada Contemporânea**. São Paulo: Quartier Latin, 2013.

BOTREL, Sergio. Mecanismos de profissionalização e preservação da empresa familiar. In: COELHO, Fábio Ulhoa; FÉRES, Marcelo Andrade. (Coord.). **Empresa Familiar: Estudo jurídicos**. São Paulo: Saraiva, 2014.

CAMARGO, André Antunes Soares. A Assembleia Geral: melhor forma de solução de conflitos societários? In: YARSHELL, Flávio Luiz e PEREIRA, Guilherme Setoguti J. (Coord.). **Processo Societário II**. São Paulo: Quartier Latin, 2015.

_____. A pessoa jurídica: Um fenômeno social antigo, recorrente, multidisciplinar e global. In: FRANÇA, Erasmo Valladão Azevedo e Novaes (Coord.). **Direito societário contemporâneo I**. São Paulo: Quartier Latin, 2009.

CARVALHOSA, Modesto. Conselho Fiscal da sociedade holding. In: CARVALHOSA, Modesto e EIZIRIK, Nelson (coords.). **Estudos de Direito Empresarial**. São Paulo: Saraiva, 2010.

CESCHIN, Gisela. Direito de recesso na sociedade limitada e seus aspectos práticos. In: AZEVEDO, Luiz André N. de Moura e CASTRO, Rodrigo R. Monteiro (coord.). **Sociedade Limitada Contemporânea**. São Paulo: Quartier Latin, 2013.

CORVO, Erick. Acordos de sócios de sociedades limitadas à luz do Código Civil de 2002. In: ADAMEK, Marcelo Vieira Von (coord.). **Temas de Direito Societário e Empresarial Contemporâneos**, São Paulo: Malheiros, 2011.

DOERN, Richard. **O Conselho consultivo como transição para o mundo da governança corporativa** In: IBGC – Instituto Brasileiro de Governança Corporativa (Org.). **Governança Corporativa em Empresas Familiares**. São Paulo: Saint Paul, 2011, p. 159/188.

EIZIRIK, Nelson. Acordo de acionistas regulando o exercício do poder de controle, interpretação dos §§8º e 9º do art. 118 da Lei das S.A.. In: CARVALHOSA, Modesto e EIZIRIK, Nelson (coords.). **Estudos de Direito Empresarial**. São Paulo: Saraiva, 2010.

FERES, Marcelo Andrade. Protocolo ou pacto de família: a estabilização das relações e expectativas na empresa familiar. In: COELHO, Fabio Ulhoa; FÉRES, Marcelo Andrade (Coord.). **Empresa familiar: estudos jurídicos**. São Paulo: Saraiva, 2014.

GIARETA, Gerci. Teoria da Despersonalização da Pessoa Jurídica. In: NERY JR., Nelson e NERY, Rosa Maria de Andrade (coord.). **Doutrinas Essenciais – Responsabilidade Civil – Direito de Empresa e o Exercício da Livre Iniciativa**. Vol. III. São Paulo: Ed. RT, 2010.

FERRARA, Renata Silva e CHAMMAS, Maria Fernanda Vaiano S. Reflexões sobre Protocolo Familiar. In: PRADO, Roberta Nioac (Coord). **Empresas familiares: uma visão interdisciplinar**. São Paulo: Noeses, 2015.

FRANÇA, Erasmo Valladão Azevedo Noaves e ADAMEK, Marcelo Vieira Von. Affectio societatis: um conceito jurídico superado no moderno direito societário pelo conceito de "fim social". In: FRANÇA, Erasmo Valladão Azevedo Noaves e ADAMEK, Marcelo Vieira Von (coords.). **Direito societário contemporâneo I**. São Paulo: Quartier Latin, 2009.

KIGNEL, Luiz e PHEBO, Marcia Setti. O dilema das gerações: (i) quem faz parte do núcleo familiar; o dilema da transferência de comando nas empresas. In: PRADO, Roberta Nioac (Coord). **Empresas familiares: uma visão interdisciplinar**. São Paulo: Noeses, 2015.

LANZ, Thomas Michael. Os Conselhos: consultivo, de administração e familiar. In: PRADO, Roberta Nioac (Coord). **Empresas familiares: uma visão interdisciplinar**. São Paulo: Noeses, 2015.

LUCON, Paulo Henrique dos Santos. Dissolução parcial e apuração de haveres. In: KUYVEN, Luiz Fernando Martins (coord.). **Temas essenciais de direito empresarial – Estudos em homenagem a Modesto Carvalhosa**. São Paulo: Saraiva, 2012, p. 980-990.

MARGONI, Ana Beatriz Alves e SILVEIRA, Susana Amaral. A administração das sociedades anônimas. In: FRANÇA, Erasmo Valladão Azevedo e Novaes (Coord.). **Direito societário contemporâneo I**. São Paulo: Quartier Latin, 2009.

MARINO, Daniela Ramos Marques. O status socii. In: FRANÇA, Erasmo Valladão Azevedo (Coord.). **Direito Societário Contemporâneo I**. São Paulo: Quartier Latin, 2009.

NEVES, Rubia Carneiro. Meios protetivos da dissipação do patrimônio empresarial por algumas relações de família: cláusula de incomunicabilidade, acordo de convivência e pacto antenupcial. In: COELHO, Fábio Ulhoa; FÉRES, Marcelo Andrade. (Coord.). **Empresa Familiar: Estudo jurídicos.** São Paulo: Saraiva, 2014.

NICOLIELLO, Mary. A importante tarefa de desenvolver acionistas responsáveis. In: PRADO, Roberta Nioac (Coord). **Empresas familiares: uma visão interdisciplinar.** São Paulo: Noeses, 2015.

PLETI, Ricardo Padovini. Empresas familiares e famílias empresárias: desafiadora transição entre duas realidades sistêmicas. In: COELHO, Fabio Ulhoa; FÉRES, Marcelo Andrade (Coord.). **Empresa familiar: estudos jurídicos.** São Paulo: Saraiva, 2014.

PRADO, Roberta Nioac. Empresas familiares – características e conceitos. PRADO, Roberta Nioac (Coord.). **Empresas familiares: governança corporativa, governança familiar, governança jurídica.** São Paulo: Saraiva, 2011.

PRADO, Roberta Nioac, e COSTALUNGA, Karine. Sucessão familiar e planejamento societário II. In: PRADO, Roberta Nioac; PEIXOTO, Daniel Monteiro; SANTI, Eurico Marcos Diniz. **Estratégias societárias, planejamento tributário e sucessório.** São Paulo: Saraiva, 2011.

PIMENTA, Eduardo Goulart; ABREU, Maíra Leitoguinhos de Lima. Conceituação jurídica da empresa familiar. In: COELHO, Fábio Ulhoa; FÉRES, Marcelo Andrade. (Coord.). **Empresa Familiar: Estudo jurídicos.** São Paulo: Saraiva, 2014.

SILVA, Marcelo Castro Domingos. Governança corporativa: efeitos na gestão de riscos, acesso ao capital e valor da empresa. In: BOTREL, Sérgio; BARBOSA, Henrique (Coords.). **Finanças corporativas – Aspectos jurídicos e estratégicos.** São Paulo: Atlas, 2016.

SILVEIRA, Alexandre Di Miceli da; DONAGGIO, Angela Rita Franco. A importância dos Conselhos de Administração para as empresas familiares. In: PRADO, Roberta Nioac (Coord.). **Empresas familiares: governança corporativa, governança familiar, governança jurídica.** São Paulo: Saraiva, 2011.

TRINDADE, Marcelo Fernandes e TANNOUS, Thiago Saddi. **O art. 1.031 do Código Civil e sua interpretação.** In: YARSHELL, Flávio Luiz e PEREIRA, Guilherme Setoguti J. (Coord.). **Processo Societário II.** São Paulo: Quartier Latin, 2015.

TOMAZETTE, Marlon. O conselho de administração nas sociedades familiares. In: COELHO, Fábio Ulhoa; FÉRES, Marcelo Andrade. (Coord.). **Empresa Familiar: Estudo jurídicos**. São Paulo: Saraiva, 2014, p. 289-312.

WERNER, René A. Empresa Familiar. In: In: PRADO, Roberta Nioac (Coord.). **Empresas familiares: governança corporativa, governança familiar, governança jurídica**. São Paulo: Saraiva, 2011.

TESES, DISSERTAÇÕES E TRABALHOS ACADÊMICOS

ELITO, Camila Acayaba. **A importância do acordo familiar na comunicação nas empresas familiares: uma visão de governança**. 2014. 153 f. Monografia (L.L.M. Direito Societário) – Insper Instituto de Ensino e Pesquisa, São Paulo, 2014.

ARTIGOS IMPRESSOS

ASQUINI, Alberto. Profili dell'impresa. **Rivista del Diritto Commerciale**, 1943, v. 1. In: **Revista de Direito Mercantil, Industrial, Econômico e Financeiro**. Ano XXXV, n. 104, p. 109-126, out.-dez.1996.

BERNHOEFT, Renato. Choque de Cultura. **Revista Capital Aberto**. Ano 8, n. 89, jan. – 2011.

CAMINHA, Uinie e CARDOSO, Juliana. Contrato Incompleto: Uma Perspectiva entre Direito e Economia para contratos de longo termo. **Revista Direito GV**. p. 155-200, Jan. – Jun. 2014.

CARVALHO, Tomás Lima de Carvalho; e PAZ, Leandro Alves. A utilização estratégica do planejamento jurídico na organização e gestão do patrimônio familiar. **Revista de Direito Empresarial**, vol. 11/2015, p. 95 – 123, set. – out. 2015.

FLORES, José Elias Jr. e GRISCI, Carmem Ligia Iochins. Dilemas de pais e filhos no processo sucessório de empresas familiares. **Revista Adm.**, São Paulo, v.47, n.2, p.325-337, abr./maio/jun. 2012.

FERREIRA, Cristiane Gomes. A holding patrimonial familiar e seus incentivos: uma análise juseconomica. **Revista Síntese: direito de família**, p. 21-40, abr./maio 2016.

FREIRE, Patrícia de Sá, *et al.* Processo de sucessão em empresa familiar: gestão do conhecimento contornando resistências às mudanças organizacionais. **Revista de Gestão da Tecnologia e Sistemas de Informação**, vol.7, n. 3, p. 713-736, 2010.

PEREIRA, Antônio Carlos Soares, *et al.* Desconstrução do mito e sucessão do fundador em empresas familiares. **RAC**, Rio de Janeiro, v. 17, n. 5, p. 518-535, set. – out. 2013.

PERLMAN, Marcelo Giovanni. Repensando os Dividendos Obrigatórios. **Revista de Direito Bancário e do Mercado de Capitais**, v. 29, p. 118-132, jul.-set. 2005.

REDECKER, Ana Cláudia. A holding familiar como instrumento da efetivação do planejamento sucessório. **Revista Jurídica**, n. 447, p. 45-92, jan. 2015.

SZTAJN, Rachel. Externalidades e custos de transação: a redistribuição de direitos no novo Código Civil. **Revista de Direito Mercantil, Industrial, Econômico e Financeiro**, n. 133, p. 7-31, jan. 2004.

SZTAJN, Rachel e VERÇOSA, Haroldo Malheiros Duclerc. A incompletude do contrato de sociedade. **Revista de Direito Mercantil**, v. 131, p. 7-20, 2003.

TEIXEIRA, João Alberto Borges. Holding familiar: tipo societário e seu regime de tributação. **Revista Tributária e de Finanças Públicas**, n. 11, p. 7-12, mar. – abr. 2009.

TEPEDINO, Gustavo. Direito de preferência previsto em estatuto societário e o direito das sucessões. **Soluções Práticas**, v. 2, p. 365-386, nov. 2011.

VIEGAS, Cláudia Mara de Almeida Rabelo; e BONFIM, Gabrielle Cristina Menezes Ferreira. Governança corporativa nas empresas familiares: profissionalização da administração e viabilidade na implantação de planos jurídico-sucessórios eficientes. **Revista de Direito Empresarial**, vol. 14/2016, p. 73 – 91, mar. – abr. 2016.

WALD. Arnoldo. Da caracterização da alienação de controle. **Revista de Direito Bancário**, n. 38, p.189-203.

WAKSMAN, Muriel. O direito de preferência na doação de quotas. **Revista do Instituto dos Advogados de São Paulo**, v. 16, n. 31, p. 241-255, jan./jun. 2013.

ARTIGOS ONLINE

MARTINEZ, Giuseppe Vanoni, PÉREZ, Maria José. Protocolo: un instrumento para mediar conflictos en empresas familiares. **Universidad del Rosario**. Bogotá, jun. 2015, p. 81-99. Disponível em: http://dx.doi.org/10.17081/dege.7.2.1182. Acesso em: 05 mar. 2017.

DAVIS, John. Governing the Family-Run Business. Publicado em 04 set. 2001. Disponível em: http://hbswk.hbs.edu/item/governing-the-family-run-business. Acesso em: 14 jul. 2017.

_____. The Three Components of Family Governance. 12 nov. 2001. Boston. Disponível em: http://hbswk.hbs.edu/item/the-three--components-of-family-governance. Acesso em 27 fev. 2017.

MOREIRA, Samantha Caroline Ferreira e MIRANDA, Wagner Camilo. A empresa familiar e sua preservação no contexto da crise econômica brasileira. **Crise Econômica e Soluções Jurídicas**, n. 12, p. 1-6, nov. 2015. Disponível em: < http://revistadostribunais.com.br/maf/app/resultList/document?&src=rl&srguid=i0ad6adc50000015dfadf61f9b42d19d7&docguid=I3dd4b1908ecc11e59da4010000000000&hitguid=I3dd4b1908ecc11e59da4010000000000&spos=1&epos=1&td=301&context=10&crumb-action=append&crumb-label=Documento&isDocFG=true&isFromMultiSumm=true&startChunk=1&endChunk=1>. Acesso em: 05 mar. 2017.

PALACIOS, Tomás M. Bañegil; LINARES, Remedios Hernández; IGLESIAS, Cristina Barriuso. El protocolo familiar y sus instrumentos de desarrollo en las empresas familiares de extremadura. **TMStudies,** Faro, n. 8, p. 139-150, 2012. Disponível em <http://www.scielo.mec.pt/scielo.php?script=sci_arttext&pid=S2182-84582012000100015&lng=en&nrm=iso>. Acesso em: 27 Fev. 2017.

Pesquisa Global sobre Empresas Familiares 2016. São Paulo, 2016. Disponível em: www.pwc.com.br/pt/setores-de-atividade/empresas-familiares/2017/tl_pgef_17.pdf. Acesso em 12 jan. 2018.

ROCHA, André. Controle definido ou pulverizado? O que é melhor para o minoritário. 30 de nov. de 2011. Disponível em: http://www.valor.com.br/valor-investe/o-estrategista/1118274/controle-definido-ou-pulverizado-o-que-e-melhor-para-o-minorita. Acesso em 01.09.2017.

SEBRAE, Folha de Londrina. **No Brasil, 90% das empresas são familiares.** Santa Catarina, 03 out. 2005. Disponível em: <http:/ www.sebrae-sc.com.br/newart/default.asp?materia=10410>. Acesso em: 20 ago. 2016.

CONCLUSÃO

LEGISLAÇÃO E REGULAMENTOS

BRASIL. Constituição (1988). Constituição da República Federativa do Brasil. Brasília, DF, 1988.

_____. Lei n. 6.404/76. Dispõe sobre as Sociedades por Ações. Disponível em: < http://www.planalto.gov.br/ccivil_03/leis/L6404consol. htm>. Acesso em 05 mar. 2017.

_____. Lei n. 10.406/2002. Institui o Código Civil. Disponível em http://www.planalto.gov.br/ccivil_03/leis/2002/L10406.htm>. Acesso em 05 mar. 2017.

DREI – Departamento de Registro Empresarial e Integração. Instrução Normativa n. 38. Institui os Manuais de Registro de Empresário Individual, Sociedade Limitada, Empresa Individual de Responsabilidade Limitada – EIRELI, Cooperativa e Sociedade Anônima. Departamento do Registro Empresarial e Integração (DREI). Disponível em < http://drei.smpe.gov.br/documentos/instrucao-normativa-no-38- -retificacao.pdf>. Acesso em 17 jul. 2017.

IBGC – Instituto Brasileiro de Governança Corporativa. **Código das melhores práticas de governança corporativa**. 5ª. ed. São Paulo: IBGC, 2015, 108 p. Disponível em: <http://www.ibgc.org.br/userfiles/2014/files/codigoMP_5edicao_web.pdf>. Acesso em: 12 ago. 2017.

ITÁLIA. Código Civil (1942). Estabelece o Código Civil Italiano. Disponível em: < http://www.jus.unitn.it/cardozo/obiter_dictum/codciv/ Codciv.htm>. Acesso em 10 jun. 2017.

ESPANHA. Real Decreto 171 (2007). Traça diretrizes sobre Protocolo Familiar. Disponível em: < http://www.boe.es/buscar/act. php?id=BOE-A-2004-1848>. Acesso em 10 jun. 2017.

JURISPRUDÊNCIA

BRASIL. Superior Tribunal de Justiça. Dissolução parcial de sociedade anônima. ERESP 1321263. Relator Ministro Moura Ribeiro. Brasília. Disponível em: https://ww2.stj.jus.br/processo/revista/documento/ mediado/?componente=ITA&sequencial=1560961&num_registro=2 01200624854&data=20161215&formato=PDF. Acesso em 12 de ago. 2017.

_____. Superior Tribunal de Justiça. Dissolução parcial de Sociedade Anônima. RESP 1303284. Relatora Ministra Nancy Andrighi. Brasília. Disponível em: https://ww2.stj.jus.br/processo/revista/documento/mediado/?componente=ITA&sequencial=1225685&num_registro=201200066915&data=20130513&formato=PDF. Acesso em 12 de ago. 2017.

_____. Superior Tribunal de Justiça. Dissolução parcial de sociedade anônima. RESP 1128431. Relatora Ministra Nancy Andrighi. Disponível em: https://ww2.stj.jus.br/processo/revista/documento/mediado/?componente=ITA&sequencial=1095756&num_registro=200900488368&data=20111025&formato=PDF. Acesso em 12 ago. 2017.

BRASIL. Superior Tribunal de Justiça. Dissolução parcial de sociedade anônima. RESP 917531. Relator Ministro Luis Felipe Salomão. Disponível em: https://ww2.stj.jus.br/processo/revista/documento/mediado/?componente=ITA&sequencial=1103283&num_registro=200700073925&data=20120201&formato=PDF. Acesso em 12 de jan. 2018.

Anexo A – Diferenças entre sociedades limitadas e anônimas

	Sociedade Limitada	Sociedade Anônima
Responsabilidade dos sócios	Responsabilidade solidária de todos os sócios até total integralização do capital social. Após, a responsabilização é no limite da subscrição.	Cada sócio responde apenas pela integralização das ações por ele subscritas.
Responsabilidade dos sócios pela integralização de bens no capital social	Pela exata estimação de bens conferidos ao capital social respondem solidariamente todos os sócios, até o prazo de cinco anos da data do registro da sociedade.	Quem aportou responde como se fosse vendedor do bem, sendo que avaliadores do bem e subscritor respondem pelos danos causados quando agirem com culpa ou dolo na avaliação.
Participação social que consagra domínio da sociedade	Para ter domínio da sociedade exige-se 75% do capital social, pois com isso é possível alterar o contrato social, isso se tal documento não contar com previsão distinta.	Para ter o controle é necessário 50% +1 das ações com direito a voto.
Sócio remisso	Sócio será previamente notificado para purgar a mora em 30 dias e caso não o faça responderá por perdas e danos. Contudo, os demais sócios, ao invés de indenização, podem optar por exclusão do sócio remisso ou redução da quota ao montante até então integralizado, reduzindo, também, o capital social, ou suprir a participação do remisso ou mesmo alienar a quota a terceiro.	Não há necessidade de notificação prévia, a menos que boletim de subscrição ou estatuto não sejam claros quanto a datas e/ou valores, hipótese em que órgãos da administração irão publicar comunicados para integralização em 30 dias. Não havendo integralização é possível executar o sócio ou mandar vender ações em Bolsa ou, caso as opções anteriores não sejam possíveis e a companhia tenha lucros ou reservas, toma para si as ações. A redução do capital social é a última hipótese e só ocorre caso a companhia não tenha lucros ou reservas para adquirir as ações e não encontrar comprador no prazo de um ano.

LEGALIDADE, EFICÁCIA E IMPLICAÇÕES SOCIETÁRIAS DO PROTOCOLO FAMILIAR

	Sociedade Limitada	Sociedade Anônima
Penhora de participação social	Credor não ingressa no contrato social, devendo se operar os trâmites do art. 861, Código de Processo Civil.	Caso a companhia seja de capital fechado segue mesma regra das limitadas, mas se for de capital aberto o credor pode se tornar sócio (adjudicação) ou vender as ações em Bolsa de Valores.
Assembleias	Admite reunião de sócios (sociedades com até 10 sócios) ao invés de realização de assembleia, devendo o contrato social regular a questão, sob pena de aplicar regras gerais de assembleia destacadas no CC.	Sempre devem ser observadas as regras de Assembleia Geral Ordinária e Assembleia Geral Extraordinária, incluindo convocação, instalação e atas. Não admite flexibilização da norma, exceto nos termos da LSA.
Publicação de atos	Não precisa publicar atos societários e balanços, a menos que tenha ativo no exercício anterior superior a 240 milhões ou receita bruta anual superior a 300 milhões de reais.	Deve publicar atos societários e balanços, a menos que Patrimônio Líquido seja inferior a 1 milhão de reais.
Demonstrações contábeis	Demonstrações contábeis mais enxutas: exige balanço patrimonial e o balanço de resultado econômico.	Demonstrações contábeis obrigatórias: I – balanço patrimonial; II – demonstração dos lucros ou prejuízos acumulados; III – demonstração do resultado do exercício; IV – demonstração dos fluxos de caixa; e V – se companhia aberta, demonstração do valor adicionado.
Livros obrigatórios	Livro diário, livro de balanços e livro de atas de assembleias (se não optar por reunião de sócios).	Registro de Ações Nominativas, Transferência de Ações Nominativas, Atas das Assembleias Gerais, Presença de Acionistas, Atas do Conselho de Administração (se houver), Atas de Reunião da Diretoria, Atas e Pareceres do Conselho Fiscal.

ANEXO A

	Sociedade Limitada	Sociedade Anônima
Designação de administradores	Nomeação de administrador no contrato social ou em separado (diferença de quóruns de eleição a depender do caso).	Eleição de administrador em AGO e, em caso de existir Conselho de Administração, este elege diretoria.
Conselho de Administração	Não tem previsão específica de Conselho de Administração no âmbito do Código Civil, mas a Instrução Normativa 38/2017 do DREI já conta com disposição sobre o assunto, aplicando regras da Lei n. 6.404/76 subsidiariamente.	Tem previsão específica de Conselho de Administração, detendo caráter deliberativo e competência específica, nos limites da Lei n. 6.404/76.
Conselho Fiscal	Conselho fiscal é facultativo e suas atribuições não podem ser delegadas.	Conselho fiscal é obrigatório, mas funcionamento pode ser não perene.
Dissolução parcial	Admite hipóteses de extinção do vínculo social em relação a apenas um sócio: remissão, recesso, exclusão e simples solicitação (denúncia).	Não admite extinção de vínculo societário a não ser nas hipóteses específicas de direito de retirada ou nas hipóteses de denúncia à continuidade como acionista na companhia familiar, este último caso em demanda judicial.
Apuração de haveres	Em caso de apuração de haveres em virtude de "resolução da sociedade em relação a um sócio" o contrato social pode definir a melhor forma, mas, no silêncio, utiliza-se apuração patrimonial, conforme art. 1031, Código Civil e 606, Código de Processo Civil.	Em caso de direito de retirada os haveres são apurados pelo valor patrimonial (passado e estático) ou, caso o estatuto preveja, por valor econômico (futuro e dinâmico).
Distribuição de lucros	Admite distribuição desproporcional de lucro.	Não admite distribuição desproporcional de lucros.
Acordo de Sócios	Acordo de quotistas: não conta com previsão específica, aplicando LSA subsidiariamente. Para ter validade perante terceiros e obrigar a sociedade deve: ser arquivado na Junta Comercial, ter a sociedade como anuente e haver menção de sua existência no contrato social.	Acordo de acionistas: conta com previsão específica, vinculando a sociedade e terceiros, podendo ser executado (nos limites do art. 118, LSA), desde que: seja arquivado na sede da sociedade e sua existência averbada no livro de registro de ações.

ÍNDICE

INTRODUÇÃO — 15

1. ASPECTOS ECONÔMICOS E JURÍDICOS DAS EMPRESAS FAMILIARES — 19

2. GOVERNANÇA E PLANEJAMENTO NAS EMPRESAS FAMILIARES — 43

3. PROTOCOLO FAMILIAR — 67

4. IMPLICAÇÕES SOCIETÁRIAS DO PROTOCOLO FAMILIAR — 109

CONCLUSÃO — 183

REFERÊNCIAS — 187

ANEXO A – DIFERENÇAS ENTRE SOCIEDADES LIMITADAS E ANÔNIMAS — 197